NOTES

FRAGMENTS ET DOCUMENTS

POUR SERVIR

A L'HISTOIRE DE LA VILLE D'ÉVREUX

EXTRAITS

DES JOURNAUX, MÉMORIAUX, ACTES ET DÉLIBÉRATIONS DE L'HOTEL-DE-VILLE,

1623 — 1816.

PUBLIÉS

Par T. BONNIN.

ÉVREUX,

IMPRIMERIE DE LOUIS TAVERNIER ET Cⁱᴱ,

IMPRIMEUR, RUE DU MEILET.

1847.

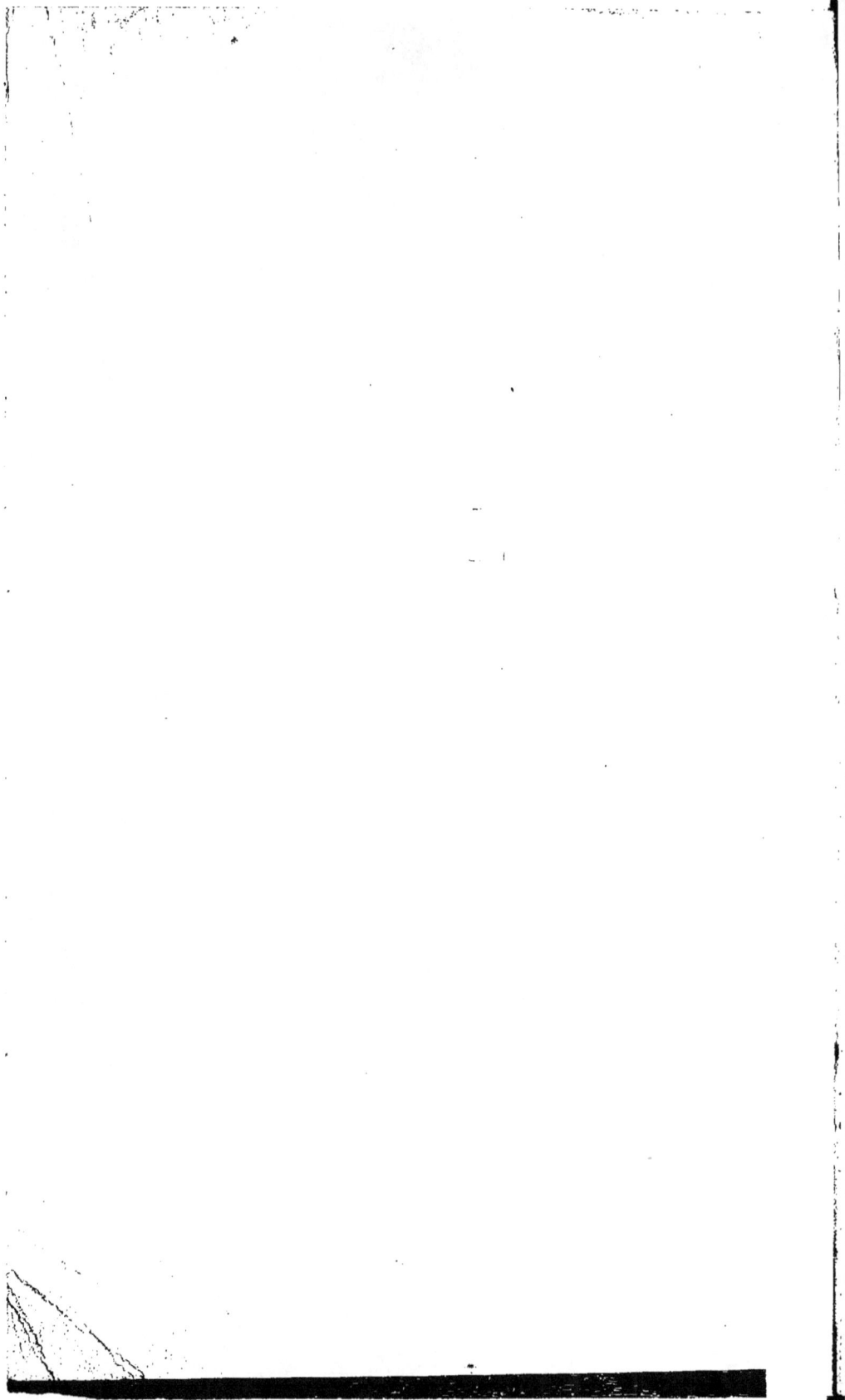

NOTES

FRAGMENTS ET DOCUMENTS

POUR SERVIR A L'HISTOIRE DE LA VILLE D'ÉVREUX.

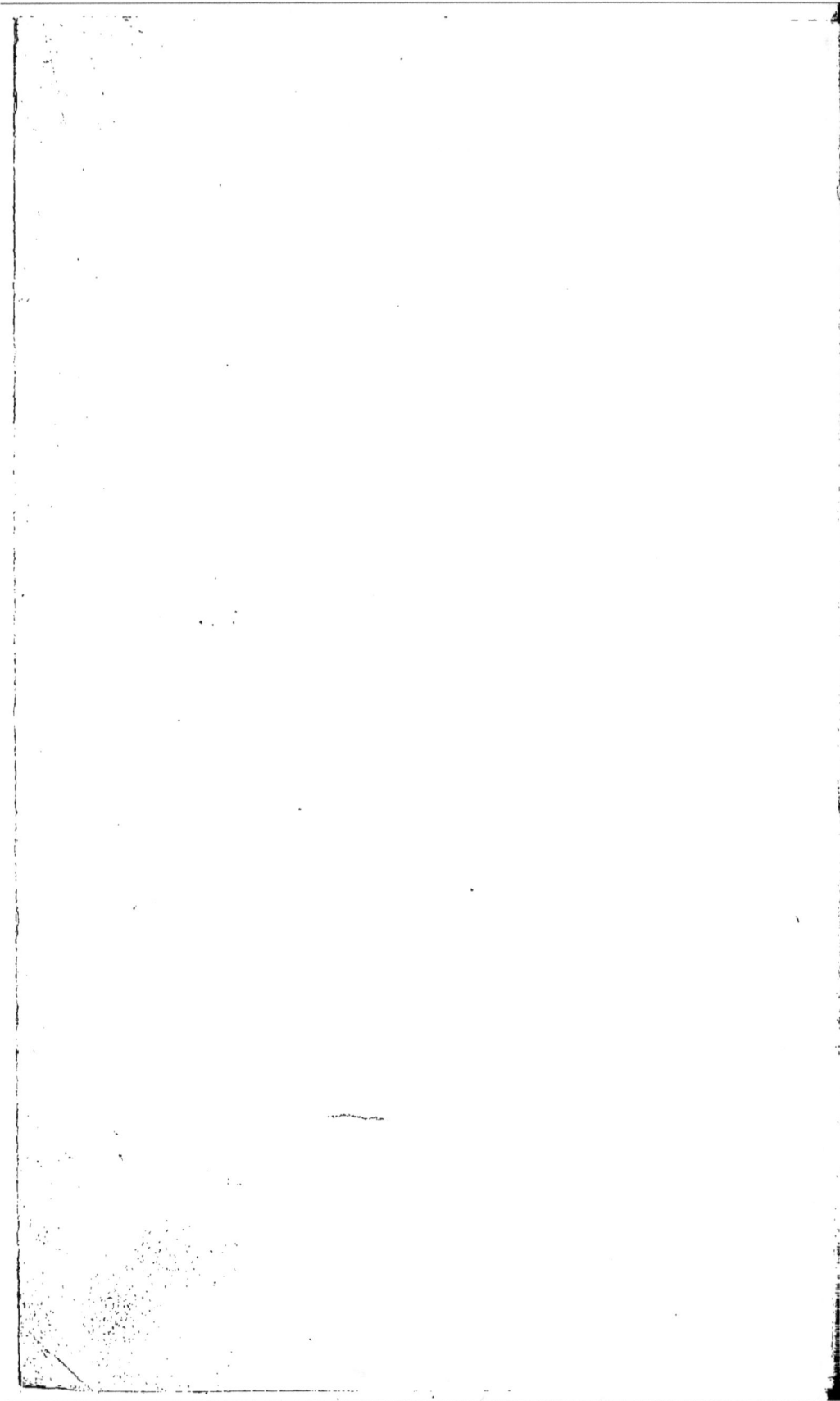

NOTES

FRAGMENTS ET DOCUMENTS

POUR SERVIR

A L'HISTOIRE DE LA VILLE D'ÉVREUX.

———

EXTRAITS

DES JOURNAUX, MÉMORIAUX, ACTES ET DÉLIBÉRATIONS DE L'HOTEL-DE-VILLE.

———

1623 — 1816.

———

PUBLIÉS

Par T. BONNIN.

———⋄———

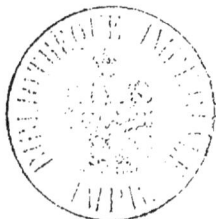

ÉVREUX,

IMPRIMERIE DE LOUIS TAVERNIER ET CIE,

IMPRIMEUR, RUE DU MEILET.

———

1847.

Le Ministre de l'Instruction Publique nous avait confié , en 1834, la mission de rechercher, dans les archives communales du département , et spécialement dans celles de l'Hôtel-de-Ville d'Evreux , les documents pouvant intéresser l'histoire du Tiers-Etat. Après avoir exploré les parchemins, les titres et les dossiers de ce dépôt , nous avons dû, pour ne point laisser notre travail incomplet , poursuivre nos recherches dans les mémoriaux , les délibérations et les comptes de l'ancienne administration , dont il existe encore de nombreux débris. Quoiqu'il y eut peu de chances de trouver des traces d'indépendance et de priviléges communaux dans les actes d'un corps municipal soumis , si complètement et depuis si longtemps , aux lois et au pouvoir royal ou seigneurial, malgré son essai d'émancipation au XIIe siècle, nous ne pouvions nous dispenser d'en faire l'examen. Mais , grâces au secours inattendu d'un collaborateur intelligent, ce travail, dont la longueur nous avait effrayé, fut promptement terminé.

C'est à l'aide de cette collaboration qu'il a été possible de donner quelque extension à nos recherches, et de ne pas nous borner à l'étude de quelques rares détails sur l'organisation intérieure d'une commune , complètement soumise à la législation générale pendant les derniers siècles. Le but de notre exploration devant être plus promptement et plus facilement atteint, nous avons songé à donner à notre travail une extension et un intérêt nouveaux.

Les titres dont il fallait faire le dépouillement renferment, au milieu de faits insignifiants , une immense quantité de détails et de notions sur les mœurs, les coutumes, les usages,

les costumes, les fêtes de nos ancêtres ; d'autres contiennent
des détails non moins curieux sur les siéges de la ville, sur
la construction et la réparation de ses monuments, sur le
ravage des épidémies, sur le passage et l'installation des
hauts fonctionnaires, sur les dépenses et les recettes de la
communauté, sur l'exécution de la justice criminelle ou ad-
ministrative, enfin sur la police et les corps de métiers ;
il nous a paru intéressant de les recueillir.

Toutefois, n'ayant jamais eu le projet d'écrire l'histoire de
la ville d'Evreux, ni même celle de son Hôtel-de-Ville, ce
travail, entrepris sans but arrêté, ne devait avoir d'autre
utilité que de faire connaître superficiellement un dépôt jusqu'à présent inexploré, et de faciliter les recherches des
écrivains laborieux qui voudraient étudier le développement
de nos institutions. En communiquant à nos amis ces notes
trop souvent informes et décousues, et que nous renoncions
à mettre en ordre, le but que nous nous proposions était
les engager à les compléter et à traiter quelque jour un sujet
historique entièrement nouveau.

L'ordre chronologique, appelé quelquefois le désordre
organisé, que nous avons adopté tout naturellement, puisque
c'était celui dans lequel nous recueillions les faits, a été blâmé
par des critiques, qui auraient aussi préféré une histoire étu-
diée, à un recueil de documents historiques ; mais nous avons
déjà dit que nous n'avions point le projet de faire un livre, ni
d'écrire l'histoire d'Evreux. Le pêle-mêle de tant de détails
incohérents, de dates sans suite ni liaison, de faits souvent
peu dignes d'une histoire sérieuse, a d'ailleurs paru, à quelques personnes, donner à ces notes quelque chose de plus
piquant et un intérêt plus particulier et plus imprévu ;
aussi, craignant que le mieux ne devint l'ennemi de ce qui
nous paraît être le bien, nous avons accueilli sans difficulté
la proposition de nos amis de livrer ces fragments à la publicité dans l'état où nous les possédons, en y ajoutant seulement quelques notes explicatives.

Nous y avons compris tout ce que nous savions sur l'époque

révolutionnaire et sur les années suivantes les plus rapprochées de nous. Ce n'est point d'aujourd'hui qu'on écrit l'histoire de ses contemporains, et qu'on fait connaître les actions des personnages pendant leur vie. Lorsque tous les actes de la vie publique du jour peuvent être critiqués, même avec passion, dans le journal du lendemain, on ne saurait contester à l'histoire le droit de publier les actes et les paroles de personnages morts depuis longtemps, et qui ont agi comme hommes publics à quelque époque que ce soit. Pour qui ne touche pas à la vie privée, et ces extraits, puisés à une source officielle et incontestable, ne s'occupent que de détails de la vie publique, les actes et les procès-verbaux officiels sont des titres que tout le monde peut compulser et faire connaître. Nos archives publiques ne sont plus, comme aux siècles précédents, confiés à la garde d'un employé prêtant serment de ne savoir ni lire ni écrire, elles appartiennent au public qui peut y puiser aussi bien un titre pour défendre ses droits particuliers, que des renseignements historiques intéressant la société.

Cependant, toutes les fois qu'à une époque rapprochée les noms n'ajoutaient rien aux faits, on a pu les taire sans inconvénient. Mais, en protestant contre la pensée de vouloir nuire à qui que ce soit, nous devons déclarer qu'en principe ces noms nous paraissent appartenir à la publicité, que l'histoire peut être dénaturée, faussée, par le silence, par l'omission d'un nom, et que, pour être utile, elle a besoin d'être complète et vraie. Rechercher la vérité historique par toutes les voies avouées par l'honneur, la proclamer hautement, sans ménagement pour la puissance et les partis, quand l'intérêt de la société le réclame, est un devoir sacré pour qui consacre ses veilles à l'étude de l'histoire.

Si les troubles révolutionnaires n'ont donné lieu, à Evreux, à aucun de ces épisodes sanglants qui ont si fatalement illustré d'autres villes, le rôle de quelques représentants du pays n'a pas été sans importance, et, d'ailleurs, il ne saurait être sans intérêt d'en faire connaître les faits et les détails locaux.

La nécessité de rappeler quelquefois les actes et les discours de certains personnages, et d'enregistrer leurs tergiversations ne saurait, à notre époque de publicité, avoir d'inconvénients. Dans tous les partis, s'il est des fils qui voudraient cacher la vie politique de leurs pères, il en est un plus grand nombre qui s'en honorent hautement. *Fais ce que dois, advienne que pourra.*

Nous publions donc une première partie de nos recherches. Forcé de diviser un recueil trop étendu, notre choix a dû porter d'abord sur un ensemble complet, et nous imprimons les extraits des délibérations, avant de donner les détails d'exécution.

C'est donc exclusivement de la volumineuse collection des journaux, mémoriaux, actes et délibérations de l'Hôtel-de-Ville d'Evreux que ces fragments sont extraits. Vingt-quatre registres de différentes grosseurs et formats la composent aujourd'hui. Un premier volume, peut-être le plus curieux, puisqu'il devait contenir des détails sur les guerres de la Ligue, a disparu, dans quelque déménagement, avant la Révolution. Nous donnons au surplus, en note, le détail chronologique et bibliographique de ceux que nous avons examinés à partir de **1623** (1), afin que l'on puisse y recourir pour compléter ou vérifier nos assertions. Nous devons observer toutefois que, dans un rapide examen, nous n'avons pas l'espoir d'avoir tout vu ; qu'il est des faits volontairement omis et d'autres échappés à nos investigations, et que

(1) 1 — 17 Décembre 1623. — 26 Avril 1658.
2 — 21 Novembre 1658. — 10 Juillet 1673.
3 — 23 Octobre 1673. — 11 Novembre 1686.
4 — 17 Novembre 1686. — 15 Janvier 1699.
5 — 7 Mars 1699. — 6 Mars 1707.
6 — 23 Mars 1707. — 28 Juin 1713.
7 — 28 Juin 1713. — 10 Novembre 1717.
8 — 1 Janvier 1718. — 10 Juin 1724.
9 — 21 Juin 1724. — 22 Octobre 1750.
10 — 14 Novembre 1750. — 17 Juin 1774.
11 — 1 Juillet 1773. — 21 Novembre 1779.
12 — 22 Décembre 1779. — 23 Octobre 1788.

nous avons surtout choisi les détails d'un caractère anec-
dotique.

Nous avons joint à ce recueil un plan topographique d'E-
vreux, en 1745, vers le milieu de l'époque dont nous nous
occupons. Son examen expliquera, bien mieux que des notes,
certains détails toujours incompris sans une connaissance
parfaite de la localité.

Un second recueil suivra cette première publication, si nos
concitoyens ne trouvent pas ces notes trop indignes de leur
attention.

Il sera puisé dans les titres, comptes de dépenses et pièces
diverses de l'Hôtel-de-Ville, depuis la fin du XIVᵉ siècle, et,
nous pouvons l'affirmer, les détails qu'ils contient ne doivent
aucunement céder en intérêt à ceux de ce Recueil. Traitant
d'une époque plus reculée, il doit faire connaître, en outre,
surtout pour l'économie politique et les siéges de la ville, une
foule de détails que les délibérations n'ont pu prévoir ni enregistrer.

Là doit s'arrêter notre tâche historique sur la ville d'E-
vreux.

Pour qui voudra écrire son histoire et celle de ses institutions, il est, indépendamment des histoires et des chroniques
connues de tout le monde, d'autres sources, d'autres trésors
à explorer. Si l'incurie et l'ignorance d'une administration
illettrée a laissé disperser ou pourrir des milliers de registres

13 — 1 Novembre 1788. — 27 Février 1790.
14 — 14 Février 1790. — 22 Octobre 1792.
15 — 25 Octobre 1792. — 26 Juillet 1793.
16 — 29 Juillet 1793. — 12 Thermidor an 3.
17 — 3 Août 1793. — 15 Ventôse an 3.
18 — 20 Ventôse an 3. — 18 Brumaire an 4.
19 — 19 Thermidor an 3. — 24 Nivôse an 6.
20 — 26 Nivôse an 6. — 28 Germinal an 7.
21 — 1 Floréal an 7. — 7 Germinal an 8.
22 — 5 Vendémiaire an 9. — 9 Thermidor an 11.
23 — 5 Vendémiaire an 11. — 23 Novembre 1814.
24 — 14 Décembre 1814. — 14 Juillet 1828.

2

et de manuscrits (plus du 600 registres du seul chapitre d'Evreux), il reste encore, à la disposition du public, sous la protection d'un pouvoir plus éclairé, bien des documents à consulter. Mais, vivre de longues années au milieu de la poussière des parchemins, fatiguer sa vue à la lecture de titres souvent sans intérêt, renoncer aux devoirs et aux plaisirs du monde pour s'ensevelir au milieu des livres et des chroniques fastidieuses, passer son temps dans des voyages coûteux, pour comparer, étudier, vérifier ou rectifier des faits inexacts ou inexpliqués, dépenser sa fortune et user sa santé, sans espoir de gain ou de récompense, et pour la mince satisfaction d'amour propre de faire un livre, qu'on ne lira pas et qu'on critiquera sans ménagement, voilà les sacrifices que doit s'imposer notre futur historien. Puissent-ils, un jour, ne pas paraître trop lourds à l'un de nos concitoyens.

Evreux, 15 juillet 1847.

NOTES

FRAGMENTS ET DOCUMENTS

POUR SERVIR A L'HISTOIRE DE LA VILLE D'ÉVREUX.

1623.

17 Décembre. — « Ledit jour est arrivé Mgr de Longueville, lieutenant général pour le roy, notre sire, en la Normandie. Là où, à l'entrée dudit seigneur, on a esté au devant, assavoir : M. de Bellegarde, gouverneur, M. de Croisy, président, MM. les gens du roy, les échevins de présent en charge, sçavoir est : MM. Jacques dit Cairet, Nicolas Cossart, Charles Bosguerard, Jehan Picot, Jehan Marie et Guillaume Loret et Michel Lecousturier, receveur; ledit sieur de Bellegarde, jusqu'au village de Miseré, lequel nous vint rejoindre où tout le corps de la ville estoit, à la barrière au dessus du moullin du chastiau, où arrivant mondict seigneur de Longueville, M. le président de Croisy fit la harangue, après laquelle finie, M. de Bellegarde présenta les clefs de la ville dans une bourse de veloux cramoisy, brodée d'or, enrichie des armes de la ville, de fin or, et remit le tout entre les mains dudit sieur président, en qualité de lieutenant général, lequel les bailla entre les mains du premier échevin, comme à luy appartenant; et au party de là, le dit seigneur fut logé à l'évêché, où tout le corps de la dite ville le fut de rechef saluer.

» M. de Bellegarde y fut à part; MM. les commissaires et députez pour la tenue des Estatz estoient arrivez les jours précédentz; et faut noter que tous les enfants de la ville furent au devant dudict seigneur jusqu'au haut du faux bourg S. Louys et se rengèrent en hayes des deux costés de la rue, en bon ordre et bien armez. Il y en avait jusques à l'évesché.»

18 Décembre. — « Le dix-huitième jour que les Estatz généraux de la province de Normandie ont été termés par le roy notre syre et mon dit seigneur de Longueville à tenir au dit Evreux.

» L'assemblée des Estatz a été faitte sur les dix heures du matin, au réfectoir des pères Cordeliers où présidoit mon dit seigneur de Longueville qui fit une harangue admirable. Les commissaires qui estoient présents sont : M. le premier président de Ryer (1), M. le président d'Anfreville (2), M. Marescot (3), maître des requêtes du roy, deux trésauriers généraux de France et le receveur général des tailles : mon dit sieur le premier président harangua après M. de Longueville ; tous les depputez estoient présents, où M. Pigné (4), depputé des ecclésiastiques de Rouen, fit la harangue. »

20 Décembre. — « Le vingtième, la conclusion fut faicte des dits Estats, et chacun des depputez s'en retourna. »

1624.

17 Novembre. — L'assemblée, pour l'élection des conseillers et procureurs de la ville, se tient au pré-

(1) Alexandre de Faucon, sieur de Rys, premier président du parlement de Rouen.

(2) Jacques Poerier, baron d'Amfreville, président à mortier au parlement de Rouen.

(3) Michel de Marescot, plus tard conseiller au parlement de Rouen.

(4) Martin le Pigny, archidiacre de l'église de Rouen.

toire royal, « d'autant que la maison de l'Hôtel-Dieu (1) et avant circonvoisins avoient esté attaquez de la contagion; » elle est présidée par M. de Croisy, lieutenant général du bailli d'Evreux (2).

Les sieurs Monvoisin et Philippot sont élus et reçoivent en garde l'artillerie de la ville, savoir : « dix-sept arquebuses à croq, y compris quatre que l'on a prêtées à M. de Bellegarde, gouverneur, jouxte son récépissé; trois barils de poudre à canon et un entammé, un baril de balles de plomb servant auxdites arquebuses à croq et plusieurs balles de fonte; le tout étant dans la chambre de la grosse horloge. Comme aussi six pièces de canons, montez sur rouets, étant en la maison de ville, pour en avoir soin et garde, à peine d'en répondre. »

Il est enjoint auxdits procureurs de prendre garde aux ponts dormants et levis des arrivées de la ville.

De plus, on décide que les réunions auront lieu le premier lundi du mois, en la salle commune de la ville, à huit heures du matin, sous peine de 60 sols d'amende pour les défaillants.

2 Décembre. — Il est fait défense aux procureurs de faire démolir, construire ou édifier, sans l'avis ou consentement des échevins.

9 Décembre. — Le corps de ville arrête que la chambre « encommencée sur les boulangeries, pour servir de chambre de ville, sera parachevée et mise en état d'y loger le plus tôt que faire se pourra, et en

(1) L'Hôtel-Dieu occupait alors l'emplacement du Marché-Neuf.
(2) M. de Bellegarde.

outre de faire construire une galerie allant de la tour de la grosse orloge à ladite chambre. »

1625.

8 Avril. — Pavage de la grande rue des Cordeliers (1), dans la partie tendant à l'auberge du Château-Gaillard.

Réparations à la Porte-Peinte, tombant en ruines.

La chambre de ville, située sur les boulangeries, ayant été parfaite, la compagnie s'y est assemblée pour les affaires de la ville, savoir : M. Jehan Picot, Jehan Marie, Guillaume Loret, Laurent Grossejambe, Charles Monvoisin et Martin Philippot, « qui a été la première salle tenue en ladite chambre. »

5 Mai. — Achat, au prix de 12 livres, d'un tapis vert pour la table de la chambre.

Pavage de la rue tendant de la Grande-Rue au prétoire de MM. les élus.

16 Novembre. — Election de conseillers et procureurs de la ville, sous la présidence de M. de Bellegarde, bailli.

Le même jour, après l'élection, il est décidé, sur la réclamation verbale des échevins, que chacun d'eux, après avoir exercé ses fonctions l'espace de trois ans, aurait droit à une bouteille de vin, que le sergent de la ville irait, le même jour, leur présenter à leur domicile.

1626.

4 Février. — Lettre de la reine aux échevins :

« De par la reine mère du roy,

» Chers et bien amez, le sieur de Beaufy, gendarme

(2) Aujourd'hui rue Joséphine.

» de notre compagnie, nous ayant faict représenter
» que depuys quelque temps, s'en retournant de la
» garnison où est notre dite compagnie en sa maison,
» en passant par votre ville, ses chevaulx lui furent
» pris dans une hostellerie où il logea, suquoy, ayant
» obtenu sentence contre l'hoste portant condamna-
» tion de luy payer ses chevaux, voullant faire exé-
» cuter la sentence, il se rencontra que le dit hoste
» avait soubstraict ses meubles et avoit auparavant
» faict cession de biens, et, par ainsi, le dit Beaufy
» n'a peu jusques icy avoir aucune raison de la perte
» de ses chevaulx. Nous avons bien voullu vous
» escrire sur ce subiect por vous dire que vous ferez
» chose qui nous sera bien agréable, de faire en sorte
» que le dit Beaufy puisse avoir par effect la justice
» qui luy est deue, et l'entiere satisfaction qu'il dé-
» sire justement en ceste occasion, affin qu'au plus
» tôt il puisse retourner en nostre dicte compagnie
» pour y servir le roy nostre tres honoré sieur et filz
» ainsi qu'il est obligé, ce que nous promettant que
» que vous ferez et que vous traicterez le dit Beaufy
» comme étant à nous, nous ne ferons la présente
» plus longue que pour vous assurer que nous vous
» en saurons tres bon gré, priant sur ce Dieu, chers
» et bien amez, qu'il vous tienne en sa sainte et digne
» garde. Escript de Paris le 4e febvrier 1626. Signé :
» Marie et plus bas Boutellier. »

« Sa lettre estant presentée, il fut refusé, comme
ayant esté crochetée (1), ce qui depuys a esté congneu
de la part de M. Le Bouteillier. »

30 Mars. — Gilles Le Forestier, receveur de la ville,

(1) Probablement faussée ?

rend ses comptes, desquels il résulte que les recettes s'élevaient à 5,204 liv. 6 s. 4 d., et les dépenses à 4,927 liv. 12 s. 2 d.

1627.

10 Novembre. — Lettre du roi demandant d'envoyer, pour l'équipement de l'armée devant la Rochelle, 50 habits de différentes grandeurs, consistant en un pourpoint, jupe à longues basques, haut et bas de chausses et une paire de souliers.

1628.

13 Novembre. — *Te Deum* et réjouissances pour la prise de la Rochelle. Les gros canons tirent au « carefours », et les « harquebuses à croq » à la grosse horloge. Puis, ajoute le procès-verbal, « il arriva des accidents durant le tonnerre des gros canons qui causerent de la ruine, particulièrement à la sortye des canons du magasin. Le canonnier, voulant en voir l'espreuve, en tira un qui esbranla tellement les vitres de l'église de Saint-Pierre, qu'il en tomba une grande partye. Il est vrai que le tonnerre avoit auparavant fait un grand effort à ladite église. »

1629.

28 Janvier. — On décide qu'il sera donné un cierge à chaque échevin après un exercice de trois années.

1630.

3 Novembre. — Sous la présidence de M. de Cocherel, lieutenant général au baillage d'Evreux, on élit les députés aux Etats provinciaux devant être tenus à Rouen le 9 décembre suivant. Sont élus : M. La Biche, chanoine, pour l'état ecclésiastique; le sieur de la Bardoulière, pour la noblesse, et Pierre Leduc, premier échevin, pour le Tiers-État.

1631.

3 Août. — « Le dimanche troisième jour d'août 1631, M. de Bellegarde, gouverneur de la ville et château d'Evreux, a fait faire assemblée de ville en laquelle il a proposé de faire desmollir le dit chasteau et remplir les fossés disceluy, du côté de la ville, ce qu'estant mis en délibération, messieurs du chapitre, parlant par M. de Quenet, archidiacre, auraient demandé temps de huitaine pour en délibérer. MM. Le Charpentier et de Lanney, procureur et advocat du roy, auroient trouvé cette proposition advantageuse à la ville. Comme aussi les eschevins, conseillers et procureurs de la maison commune de la dicte ville qui sont : MM. Pierre Legrand, Regnauld, Delangle, Guillaume Chambon, François Duvaucel, Jehan Doucerain et Guillaume Lemercier, parlant pour la dicte ville, dit que la proposition faicte par le dict seigneur de Bellegarde estoit la liberté publique et le bien commun des bourgeois; mais que, pour cet effet, ils n'entendaient obliger la ville à contribuer en aucune sorte que ce soit en la dicte démolition, ni faire aucuns frais en conséquence d'icelle; remettant le tout à la volonté du roi d'en disposer comme il lui plaira, sans qu'ils y puissent estre appelez. Sur la quelle délibération s'est présenté M. le viconte d'Evreux et autres bourgeois, voysins des fossez du dict chasteau, lesquelz ont soustenu que, au cas que la dicté

démolition procedatz, l'on debvoit laisser ung ruisseau ou courant d'eau pour leur commodité, ainsy
que de tout temps ils dissent y en avoir eu. Sur
lequel soustien, parlant de rechef, les dits eschevins
ont déclaré qu'ils persistent en leur première déclaration, qui est de n'estre partie en aucune fasson que
ce soit en la présente action, ny repondre d'aucuns
intéretz vers nulles personnes. Remettant le tout
soubz le bon plaisir de Sa Maiesté d'en user ainsy
qu'il luy plaira. »

1633.

7 Août. — Election de députés aux Etats provinciaux de Rouen, devant être tenus le 16 août 1633.
Sont élus : Jacques Amyot, prestre, docteur en droit,
pour l'état ecclésiastique; François Lambert, seigneur
du Buisson-Fallue (1), pour la noblesse, et Pierre
Doucerain, pour le Tiers-État.

1636.

18 Décembre. — La ville, taxée à la somme de
50,000 livres, par forme de prêt, obtient la modération de cette taxe à 37,500 livres.

1637.

24 Décembre. — La compagnie de gendarmes du
cardinal de Richelieu, conduite par le sieur marquis
de Coaquin, capitaine d'icelle, entre en garnison à
Evreux la veille de Noël, 24 décembre 1637, et y

(1) Le Buisson-Fallue, hameau de Quessigny, canton de Saint-
André.

séjourne jusqu'au 1er juin 1638. « A leur partie,
n'ayant égard à l'incommodité qu'ils avoient apportée
aux bourgeois, voulurent avoir grande somme d'argent, qui leur fut refusée, et en despit vescurent à
discrétion l'espace de trois jours. »

1638.

24 Février. — Mathieu Rotrou, Nicolas Le Clerc
et Jacques Magny, bourgeois et procureurs de la ville,
envoyés à Rouen, le 24 février, pour solliciter un
délai pour le payement de la taxe imposée sur la ville,
sont incarcérés à la requête du sieur Damiray, receveur général, jusqu'au payement de ce qui restait dû.

Le 28 du même mois, réunion et délibération pour
aviser aux moyens d'emprunter 11,000 livres nécessaires, pour obtenir l'élargissement des envoyés de la
ville.

Cette somme n'ayant pu être trouvée, un huissier
de la chambre des comptes, nommé Greffier, vient à
Evreux, et, le 3 juillet suivant, arrête et conduit en
prison, à Rouen, Jehan Marin, Joseph Polez, Guillaume Le Mercier, Jehan Picot, Aquilin Dupuis, Simon
Coulombel et Louis Le Duc, bourgeois et échevins,
comme garants du payement de ces 11,000 livres.

15 Août. — Procession générale du vœu de Louis
XIII. Le corps de l'élection veut prendre le pas sur les
représentants de la ville, qui résistent et forcent les
élus à se retirer, « voyant même que le peuple se
voulait mutiner contre eux. »

20 Septembre. — Demande de quinze soldats pour
la guerre ; la ville se les procure difficilement, malgré
ses offres d'argent.

L'abbé de Saint-Taurin (Du Perron, évêque d'Angoulême) est autorisé à supprimer un chemin et à compléter les clôtures de son monastère, à la charge de faire, au coin de la muraille, du côté de la Rochette, une tourelle qui servira de corps de garde pour le faubourg en temps de guerre.

1639.

16 Mai. — Gabriel du Quesnoy, marquis d'Alaigre, nommé gouverneur de la ville et château d'Evreux, fait son entrée solennelle. Il descend à l'abbaie de Saint-Taurin, où le lieutenant général, les gens du roi et le corps de ville vont le saluer. On lui présente une pièce de vin, et pour échantillon on lui en porte douze bouteilles.

Le lendemain il préside l'assise du siége présidial ; de là, il est conduit à la salle de ville, où il produit ses lettres de provision ; le corps de ville l'accompagne ensuite jusqu'au château.

1er Décembre. — La compagnie de gendarmes du cardinal de Richelieu vient tenir garnison à Evreux ; elle y reste jusqu'au 1er mai suivant. (1).

1643.

12 Novembre. — Quatre huissiers, accompagnés de plusieurs hommes, viennent à Evreux, par surprise, et enlèvent les personnes de Simon Duval, Eustache Fontenay, Simon Coulombel, Michel Rabout, conseillers et procureurs de la ville, et les conduisent le lendemain à Rouen, où ils restèrent un mois sous

(1) Voir le 24 décembre 1637.

leur garde, logés à la Côte-de-Baleine. Ils n'obtin-
rent leur liberté qu'en cautionnant le payement de ce
qui restait dû sur la taxe imposée sur la ville et les
frais de poursuites.

1644.

5 Octobre. — Les députés envoyés à Rouen, pour
présenter les réclamations de la ville à l'occasion de
la taxe imposée sur elle, pour le droit de franc-
alleu(1), rencontrent à Louviers l'huissier et les recors
qui venaient exécuter à Evreux ; par forme de tran-
saction, l'huissier consent à ce qu'ils revinssent à
Evreux, où ils restent sous sa garde jusqu'au 19 octobre suivant.

6 Novembre. — Election d'un prieur de la lépro-
serie de Saint-Nicolas (2). Des troubles s'étant élevés à
cette occasion, elle eut lieu sous la présidence d'un
conseiller au parlement de Rouen, envoyé à cet effet.
On décida qu'on nommerait un prêtre, obligé d'assister les malades attaqués de la contagion (3), ce
qui, dit le procès-verbal, coupa court à toutes les
brigues.

1645.

20 Mars. — Le procureur du roi Lecharpentier est

(1) Les terres tenues en franc-alleu étaient celles qui n'étaient
sujettes au payement d'aucun droit seigneurial ; ce qui n'empêchait
pas le roi de lever sur leurs possesseurs un droit arbitraire, sous
prétexte de reconnaître et de renouveler ce droit.

(2) C'était alors un bénéfice seulement, puisqu'il n'y avait plus
de lépreux.

(3) Les épidémies, encore si fréquentes alors, et mentionnées
partout sous le nom de peste.

assassiné proche le Muy–Sommerel (1), en allant à Pacy pour les affaires du roi.

10 Juillet. — Le bailli, voulant forcer les échevins à se présenter devant lui pour y traiter des affaires de la ville, le corps des échevins décide que les affaires se « resoudraient » à l'avenir dans la chambre de ville et non ailleurs, et que s'il plaisait au gouverneur de s'y trouver, on l'irait prendre à son logis pour l'y conduire.

16 Juillet. — En reconnaissance des faveurs obtenues par l'entremise de M. le président de Maisons, engagiste du comté d'Evreux (2), la ville décide que les réparations de la conciergerie, de la halle et du pont de Gravigni et d'autres lieux, dépendant du domaine du roi, engagé audit sieur de Maisons, seraient faites aux frais de la communauté des habitants.

1646.

17 Novembre. — Mathurin Lecousturier, écuyer, seigneur de la Poterie, lieutenant général au baillage et siége présidial, maire perpétuel de la ville d'Evreux.

1648.

7 Avril. — Roque de Longueil, conseiller du roi,

(1) Localité dont on n'a point retrouvé l'emplacement, mais probablement située près de la côte de l'Eure, sur les bords de l'ancien chemin de Paris à Evreux, passant par Miseré.

(2) Les fiefs dépendant du domaine de la couronne étaient souvent engagés, pour différents motifs, soit gratuitement, soit à cause de prêts et avances faits au roi. Les engagistes jouissaient de tous les revenus des terres et seigneuries, même des nominations aux offices et des droits sur l'administration de la justice; mais ils ne pouvaient prendre le titre de la terre dont il leur était fait concession temporaire.

président au parlement de Paris, seigneur de Maisons, capitaine et gouverneur de la ville et château d'Evreux, fait son entrée dans la ville. Des députés vont à sa rencontre jusqu'à Pacy, mais, sur sa demande, à cause de la semaine-sainte, on ne tire point les canons, et l'on ne fait aucune assemblée des bourgeois. Il descend chez le sieur Delangle, receveur, chez lequel on alla le féliciter et lui présenter, dans une bourse de velours, ornée de ses armes et de celles d'Evreux, les clefs de la ville. La ville lui fait présent de trois douzaines de boîtes de confitures et de deux douzaines de bouteilles de vin.

2 Mai. — Entrée de M. de Longueville, gouverneur général de la Normandie, venant de Rouen et allant à Caen ; il arrive par la Porte-Peinte, où il est harangué par le lieutenant-général, et il va loger à l'abbaye de Saint-Taurin, avec sa femme et sa fille. Le corps de ville va de nouveau l'y complimenter, en lui offrant quatre douzaines de bouteilles de vin, ainsi que trois douzaines de boîtes de confitures à Madame de Longueville et à sa fille. Le lendemain, la milice bourgeoise le reconduit jusqu'à Cambolle.

1651.

17 Décembre. — Mort de M. de la Poterie, maire.

1652.

17 Janvier. — Jacques Cossart, écuyer, seigneur des Ervolus, maire perpétuel.

4 Décembre. — Les procureurs de la ville reçoivent l'ordre de réparer les barricades faites pendant la

guerre de M. de Harcourt (1), dans la rue Trianon, auprès du moulin du Château, à deux endroits du faubourg Saint–Léger, et autres lieux nécessaires pour la conservation du public.

1653.

31 Mai. — M. Pierre Martel, seigneur de Chambine et Hécourt, lieutenant général, premier maire de ville perpétuel (2).

18 Novembre. — Vérification de l'artillerie de la ville. Elle ne se compose plus que de 18 arquebuses à croq, un boulet, environ vingt balles, trois canons de fonte restés au pied du gros horloge, et deux au magasin proche Saint–Pierre; dans ce nombre, il y a une pièce crevée.

1654.

3 Mai. — On plante aux portes de la ville, du château et de l'hôtel-de-ville, des mais aux armes du duc de Bouillon.

1656.

29 Novembre. — Emeute et sédition qui empêche la réunion des échevins à l'hôtel-de-ville (3).

(1) Evénement sur lequel les procès-verbaux ne donnent point d'autres renseignements. Mais on peut voir, dans l'histoire de Lebrasseur, p. 389, quelques détails sur les troubles de la Fronde à Evreux et la part qu'y prit cette ville.

(2) Voir les édits pour la création des mairies en titre d'office.

(3) Les procès-verbaux semblent indiquer que cette émeute eut lieu à l'occasion de l'élection d'un *bourrel*.

1660.

20 Avril. — Arrivée à Evreux de quelques-unes des princesses de la maison de Bouillon.

18 Juin. — Georges de Mascaron, chevalier, seigneur de la Bonneville, maréchal des camps et armées du roi, est nommé gouverneur d'Evreux, par le duc de Bouillon.

Extrait des lettres de provision, délivrées au nom et par les trésoriers du duc de Bouillon, duc d'Albret et Château-Thierry, comte d'Auvergne et d'Evreux, vicomte de Turenne et grand chambellan de France, et autres princes et princesses, ses frères et sœurs....

« Avons donné et octroyé, donnons et octroyons par ces présentes, l'état et charge de gouverneur, pour ledit seigneur, dudit comté d'Evreux, pour, soubz l'autorité dudit seigneur, commander et ordonner, tant en temps de paix que en temps de guerre, dans la ville et chasteau d'Evreux, que dans l'étendue dudit comté, ainsi qu'il verra être à faire pour le bien et service dudit seigneur et la conservation dudit comté en repos et tranquillité soubs l'obéissance du roy et celle dudit seigneur.....

» Donné à Paris, le dix-huitième jour de juin 1660.

» Signé DE LAMOIGNON, DE MESME, BOUCHERAT. »

27 Juillet. — Assemblée à l'hôtel-de-ville pour recevoir les enchères sur la maison de ville et autres biens, pour subvenir à la somme de 7,000 livres de don gratuit que le roi demande à la ville pour son mariage. Après avoir attendu depuis une heure jusqu'à 7 heures du soir, et, comme il ne s'est présenté personne pour enchérir, il est arrêté que l'on

4

procéderait à l'imposition et levée de la dite somme
sur les bourgeois, avec le plus de douceur et de
modération que faire se pourra.

1661.

5 Mars. — Le sieur de Bertocquin, gentilhomme du
duc de Bouillon, fait connaître le projet de ce prince
de résider dans son château d'Evreux; mais ne pouvant le faire sans bâtir des écuries au lieu où sont
les hallettes des boulangers forains, appartenant à la
ville, il en demande la cession moyennant indemnité.
Une assemblée générale examine cette demande, et
autorise l'aliénation des hallettes.

1662.

9 Juin. — Le comte de Dunois, gouverneur de la
Normandie, vient à Evreux; il est reçu avec les
honneurs dus à son rang.

14 Août. — Arrivée du duc et de la duchesse de
Bouillon, reçus avec les honneurs accoutumés.

19 Novembre. — Réparations à la charpente de la
tour de l'Horloge; Pierre Leroy en est chargé.

17 Décembre. — Mort de Pierre Martel, chevalier,
seigneur de Chambines, Hécourt et autres lieux,
conseiller du roi, lieutenant général civil ancien et
de nouvelle création au baillage et siége présidial
d'Evreux, premier maire et échevin de ladite ville (1).
Son corps est porté dans la chapelle Sainte-Croix

(1) Voir, pour l'explication de ces titres, les édits contemporains.

(église Saint-Thomas) sa paroisse, où il reste exposé pendant la nuit.

1663.

23 Mai. — Passage par Evreux du corps de M. le duc de Longueville, gouverneur de la province de Normandie, vers 6 heures du soir.

La ville députe auprès du chapitre pour régler avec lui le cérémonial de la réception du corps et l'érection d'une chapelle ardente dans le chœur de l'église cathédrale. Le chapitre ne donne point de réponse ; cependant deux chanoines, en habits sacerdotaux, sont députés au-devant du corps, tandis que les autres restent à l'office. Les portes de la ville, celle de l'hôtel-de-ville et le chœur de la cathédrale sont tendus de noir. La milice bourgeoise prend les armes et se rend aux limites du faubourg Saint-Léger, où le corps arrive dans un char d'honneur, couvert d'un grand drap mortuaire de velours noir, doublé d'hermines, orné de bandes de satin blanc et tiré par six chevaux noirs couverts de housses. Les quatre coins du drap sont tenus par des gentilshommes à cheval, tandis que six pages, aussi à cheval, portent des flambeaux de cire blanche allumés ; devant le char marche la compagnie des gardes, précédée d'un trompette, couverts d'un crêpe, de casaques noires, ornées de croix blanches ; les principaux officiers suivent le corps, ayant derrière eux les procureurs de l'hôtel-de-ville ; un carrosse vient ensuite, où sont deux jésuites ecclésiastiques et autres personnes de condition, et ensuite environ cent gentilshommes à cheval. Douze ou quinze gentilshommes descendent le corps à son arrivée et le portent dans le sanctuaire de la cathédrale.

Le lendemain, après l'accomplissement des cérémonies religieuses, le corps est reconduit par le cortège jusqu'au cimetière Dieu (1).

1664.

23 Juin. — M. Pierre de Langlade, escuier, seigneur de Sireul, lieutenant-général......., nommé maire perpétuel, est installé en cette qualité.

1666.

18 Avril. — M. de Mascaron, bailli d'Evreux, en l'absence du lieutenant-général maire perpétuel, veut marcher à la tête du corps de ville, pour se rendre à la cathédrale, et assister au service célébré à l'occasion de la mort de la reine-mère (2). Le corps de ville se laisse devancer et, le laissant entrer seul dans la cathédrale, vient reprendre son rang dans le cortège, en passant par la porte latérale. Le bailli survient aussitôt, lève la main sur le procureur du roi et le secoue violemment par sa robe, au grand scandale des spectateurs.

L'oraison funèbre de la reine est prononcée par l'évêque.

Des cérémonies religieuses sont également célélébrées au collège, où le panégyrique de la reine est prononcé en latin.

(1) Le cimetière Dieu, au pied de la côte de la Madeleine, occupait l'angle formé par la route de Nonancourt et la rue du Chantier.

(2) Anne d'Autriche, veuve de Louis XIII et mère de Louis XIV, morte le 20 janvier 1666, à l'âge de soixante-quatre ans.

1667.

23 Janvier. — Henri Maupas du Tour, évêque d'E-
vreux, approuve l'institut du Séminaire.

1669.

19 Octobre. — Le roi de Pologne et de Suède, abbé
de St-Taurin (1), vient à Evreux, où il est reçu avec
les honneurs royaux. Le lieutenant particulier du
baillage, après l'avoir complimenté à la tête du corps
de ville, le conduit à son abbaye.

1670.

18 Octobre. — Les gardes et jurés du métier de
drapier drapant déposent, pour être détruite, l'ancienne marque dont ils marquaient leurs draps fa-
çonnés avant les règlements.

1673.

27 Janvier. — Adjudication au rabais pour l'enlèvement des boues et les porter hors de la ville
trois fois par semaine, les lundi, mercredi et ven-
dredi.

1675.

21 Octobre. — Un service funèbre est célébré pour
le repos de l'âme du vicomte de Turenne (2). Son

(1) Casimir V (Jean), après avoir abdiqué la couronne en 1668,
vint en France. Par une bulle du 8 mai même année, le pape Clé-
ment IX l'avait nommé abbé commandataire de l'abbaie de Saint-
Taurin et de plusieurs autres.

(2) Tué par un boulet de canon le 27 juillet 1675.

oraison funèbre est prononcée par M. Le Battellier, théologal.

1677.

21 Juillet. — Réclamation pour la diminution de la taille de 1678, à cause des dégâts considérables occasionnés, dans la ville et les environs, par la grêle et les inondations.

1680.

11 Septembre. — Mort de Henri de Maupas, évêque d'Evreux, « arrivée le troisième jour après le jour de S. Laurent, qui fut par une occasion d'une chute funeste de son carrosse, qui fut tout brisé et rompu au retour de son voyage de ladite chapelle de Saint-Laurent-des-Champs (1), y ayant célébré la sainte messe par dévotion, son carrosse étant attelé de quatre chevaux, dont il y en avait trois jeunes qui, à la descente d'une petite côte proche le bois de Saint-Taurin, situé au hameau de la Madeleine, prirent le mors aux dents et, d'une étrange foucade, vinrent fondre jusqu'au détour des murs de l'église de Saint-Aquilin, là où le carrosse dudit seigneur évêque fut renversé et tout brisé entièrement, mondit seigneur jeté par terre, la tête cassée avec plaie et grandes contusions au corps desquelles il est mort. M. Duvaucel son grand-vicaire, M. de la Vallée son aumônier, qui étaient aussi dedans le carrosse furent blessés, et son cocher aussi qui ne put arrêter les chevaux, tant ils étaient furieux, et fut aussi fort blessé. »

(1) Chapelle à Melleville près Evreux, selon Lebrasseur.

1683.

30 Août. — Pour célébrer dans l'église de l'Hôtel-Dieu le service solennel d'une princesse de Bouillon, on détruit deux chapelles qui en rétrécissaient l'entrée.

L'abbé Bricassié, de Paris, prononce son oraison funèbre « avec toute l'éloquence qu'on peut jamais imaginer ».

1684.

1er Novembre. — Mise en adjudication de la ferme des octrois et droits patrimoniaux de la ville, par Réné de Marillac, commissaire du roy en Normandie, savoir :

« ANTIENS ET NOUVEAUX OCTROYS.

» La ferme sur le vin, cildre et autres boissons, qui seront vendus en détail en ladite ville et bourgeoisie, consistant au seisiesme du prix de la vente, pour ce qui en apartient a la ditte ville.

» La ferme du tarif du vin, fixé à quatre livres pour chacun muid de vin qui se vend en détail dans la dite ville et bourgeoisie, pour ce qui en apartient a ladite ville, a la réserve du vin du cru des bourgeois, qu'ils (sic) seront tenus de passer leur déclaration au greffe du baillage de la quantitté des vins qu'ils recceuilliront (sic), et ce dans le quartier d'octobre de chacune année, a peine d'estre decheus de leur exemption.

» La ferme de l'Aide de trois sols sur chacune queue de vin et autres vaisseaux a l'equipollent, qui entreront dans la dite ville et bourgeoisie pour y estre consommé, dont la moytié appartient a ladite ville.

» La ferme de l'Aide de deux sols sur chacune queue de cydre et autres vaisseaux a l'equipolent, qui entrera pareillement en ladite ville et bourgeoisie pour y estre consommé, pour ce qui appartient a ladite ville.

» La ferme de l'Aide de six deniers pour livre sur chacun cuir a poil, tanné, couroyé, passé en blanc ou megié, tant bœuf, vache, veau, bazane, qu'autres qui seront amenés et faicts entrer en ladite ville et bourgeoisie, dont la moytié apartient a ladite ville, qui sera payé par le vendeur ou celuy qui les amenera.

» La ferme de l'Aide de cinq deniers pour livre sur les laines, tant lavée qu'à laver, qui entreront et se vendront en ladite ville et bourgeoisie, pour estre ledit droict perçeu par l'adjudicataire comme il a esté, et non comme l'a prétendu le précedent fermier.

» La ferme de l'Aide de cinq deniers pour livre sur les bestes a quatre pieds vendus vifs dans l'estendue de ladite ville et bourgeoisie, pour ce qui en apartient a ladite ville.

» La ferme de l'Aide de cinq deniers pour livre sur les graisses, tant suifs, vieil oynct, huille que miel, qui seront amenés et vendus en ladite ville et bourgeoisie, pour ce qui en apartient a ladite ville, et ne poura l'adjudicataire prétendre ledit droict sur le bœure, attendu qu'il est excepté par la présente adjudication.

» La ferme de l'Aide de cinq deniers pour livre sur la feronnie tant en barre qu'ouvré, qui entrera ou sera vendu en ladite ville et bourgeoisie, qui seront payés par le vendeur, pour ce qui en apartient a ladite ville.

» La ferme de l'Aide de cinq deniers pour livre sur les toilles, tirtaines, canevas et autres de quelques natures qu'ils soint, qui entreront ou se vendront en gros dans ladite ville et bourgeoisie, pour jouir par ledit adjudicataire de ce qui apartient a ladite ville, comme en ont jouy les fermiers précedents et non comme l'a prétendu le dernier adjudicataire.

» La ferme de l'Aide de cinq sols sur chaque caque de harant blancq qui entrera et sera vendu en ladite ville et bourgeoisie, pour ce qui en apartient a ladite ville.

» La ferme du tarif de vingt sols sur chacun bœuf, dix sols sur chacun taureau ou vache, trois sols sur chacun porc, et deux sols sur chacun veau ou mouton, qui seront tués et vendus dans ladite ville et bourgeoisie, pour ce qui appartient a ladite ville.

» La ferme du tarif de trois sols sur chacun cent de foing qui entrera en ladite ville et bourgeoisie, pour ce qui en appartient à ladite ville.

» De tous lesquels droicts cy dessus il en apartient moytié a S. M. et l'autre a ladite ville, qui n'entend affermer que ce qui lui apartient, soit qu'il soit exprimé ou non en chacun article.

» PATRIMOYNE.

» La ferme de la maison appartenante a ladite ville, pour ce qui luy reste.

» La ferme des étaux de boucherie.

» La ferme de la sculle de la boucherie.

» La ferme de la première loge de la poissonnerie, avecq les petits droicts a prendre sur les marchands forains.

» La ferme de la segonde loge de ladite poissonnerie.

» La ferme de la troisiesme loge de la poisson-nerie.

5

» La ferme de la quatriesme loge de ladite poissonnerie.

» La ferme de la cinquesme loge de ladite poissonnerie.

» La ferme de la sixiesme loge de ladite poissonnerie.

» La ferme de la septiesme loge de ladite poissonnerie.

» La ferme de la cave de ladite poissonnerie.

» La ferme du poids des laines.

» La ferme du pavage de la rue Saint-Sauveur.

» La ferme du pavage de la rue Ferrey.

» La ferme du pavage du pont Perrin.

» La ferme du pavage de la rue Saint-Louis.

» La ferme du pavage de la rue Saint-Taurin.

» La ferme de la tour de la porte Sainct Pierre, du
costé du cimetière, a la charge de souffrir la demoli-
tion s'il echet.

» La ferme de l'autre tour de la porte Sainct-Pierre
du côté de Michel Chanoine, boullanger, a la mesme
charge que dessus.

» La ferme de la tour de derrière la halle.

» La ferme des deux tours de la porte Notre-Dame.

» La ferme du corps de garde de ladite porte.

» La ferme d'une des tours de la porte de la geolle.

» La ferme du corps de garde de ladite porte.

» La ferme du corps de garde du moulin de la
Planche.

» La ferme du corps de garde de la porte au
Febvre.

» La ferme des deux tours de la porte Peinte.

» La ferme du corps de garde de ladite.

» La ferme du corps de garde de la porte Saint-Gille.

» Quant aux autres portes et tours, et petittes seulle de boullangerie et autres revenus patrimoyne de ladite ville, ils ne sont ycy mis a prix, attendu le mauvais estat auquel les lieux se trouvent, et, pour ce qui est de tous les droicts cy dessus spécifiés l'adjudicataire en jouira comme il est dit, en la maniere accoustumée, aux clauses, charges et conditions mentionnées en la présente adjudication. »

1685.

10 Janvier. — Procès-verbal des réparations à faire à la ville d'Evreux (1) :

« Le dixiesme jour de janvier mil six cent quatre vingtz cinq, en l'hostel de ville d'Evreux, devant nous François Fortin, escuyer, seigneur de Broquigny, du Plessis Grohan et Garel, conseiller du roy, lieutenant particullier civil antien et de nouvelle création au bailliage et siège présidial dudit Evreux, ou estoint Messieurs de Beausse, conseiller, de Langle, escuyer, sieur de Mony, aussy conseiller audit bailliage et siège présidial, Bigot, adjoint, et Diosne, marchand ; tous eschevins, conseillers et procureurs en charge de l'hostel de ladite ville ; en la présence aussy des sieurs Jean Deshayes, Mᵉ Francois de Langle, adjoint, et Bernard Breant, antiens eschevins, a ce apelés en execution de nostre ordonnance du troisiesme janvier dernier, visite a esté faicte de l'estat des reparations urgentes et necessaires a faire en ladite ville, par experts a cet effect nommés et choisis par

---

(1) On trouvera dans le plan d'Evreux l'emplacement de chacun des monuments indiqués dans cet acte, qui donne une topographie presque générale de la ville en 1685.

acte dudit jour troisiesme janvier dernier, sçavoir :
Guillaume et Nicolas Godard, charpentiers, Guillaume
Bigot et Jean Cheval, massons, ainsi qu'il ensuit :

» Premièrement.

» A la porte de Saint-Pierre, il y convient mettre
du costé du cimetière plusieurs pièces de platte forme
et couyers d'angle avecq plusieurs apuitz du costé du
carfour et plusieurs cheverontz, faistes et souffaistes;
pour ce il convient en tout la somme de cent livres,
cy. . . . . 100 l.

» Il convient descouvrir entièrement ladite tour
du costé de la rivière, latter et recouvrir tout de neuf,
laquelle tour est tombée d'un costé avecq les voultes
et menacent ruine ; pour la reparer convient, en matereaux et peine d'ouvriers, la somme de huict centz
livres, cy. . . . . 800 l.

» Au pont de ladite porte, il y convient mettre
plusieurs planches et sommiers; pour ce la somme
de. . . . . 50 l.

» Il convient réparer la marjolle du puits de la
rue Guehaude, avecq la pottance et poullie dudit
puits; pour ce la somme de six livres, cy. . 6 l.

» A la Porte-Peinte il convient receper le pied
droit de la muraille de dessoubs ladite porte, du costé
de M. Duval medecin; pour ce en tout, matereaux et
peine d'ouvriers, la somme de . . . . . 20 l.

» Plus il convient remonter de pierre de taille les
deux gardes fols dudit pont de viron quatre pieds de
hauteur, dont il reste une partye des pierres boulleversées sur les lieux et les chapronner ; il paroist
qu'il y a longtemps que l'on n'y a faict aucunes reparations, ce quy a causé la ruyne et la perte de la plus

part des pierres ; avecq le retour de vingt huict pieds
de mesme, ont dit qu'il convient bien six vingt livres
pour fournir les mathéreaux et peine d'ouvriers ; pour
restablir ledit ouvrage en l'estat qu'il doibt estre, la
somme de. . . . .   120 l.

» Les murailles qui renfermoint ledit boullevard
sont entièrement ruinées jusque au retz de terre ,
dont les démolitions ne se trouvent plus du costé de
l'eau qui descend en bas, et sur le pan de la muraille
estant sur la terrace revestue de pierre de taille, il y
a plusieurs breches descendant sur la dite terrace et
le surplus dudit pan de muraille a remonter de leurs
hauteurs et les chapronner ; pourquoy conviendroit
pour les réparer, tant en matereaux que peine d'ouvriers , la somme de . . . .   200 l.

» Le corps de garde de ladite Porte-Peinte loué au
proffit de la ville , convient aussi le réparer en plusieurs endroicts nécessaires, pour ce, tant en matereaux que peine d'ouvriers, la somme de. .   20 l.

» Plus nous avons remarqué que les deux ponts,
qui autrefois levoient, ont esté remplis, sçavoir : celuy
du costé du carfour sans estre pavé, et l'autre, du
costé de la rue Saint-Louis, qui contenoit trois arches
vuides par lesquelles l'eau s'écoulloit, il y en a deux
arches remplies sans paver, qu'il est nécessaire de les
laisser encore quelque temps en cet estat, affin que
nous en puissions faire nostre raport, pour sçavoir
s'il serait plus utile a la ditte ville de les laisser en
cet estat pour estre pavées de greez, ou de les mettre
dans leur antien.

» Plus a ladite troisiesme arche convient y mettre
des planches et un sommier, en cas qu'il ne se trouve
bon, quand lesdittes planches seront levées, et reparer

deux pilles dudit pont, qui portent les sommiers et planches, presque tout de neuf ; pourquoy convient pour les dittes planches sommier et autre bois, fournir tout hormis le cloud et ferrure, et peine d'ouvrier, la somme de. . . . . 30 l.

» Le garde fol de la suitte dudit pont, du costé du chasteau, est a chapronner de pierre de taille sur mur a chaud (sic) et sablon et l'autre costé aussy a rechapronner sur toutte pierre de taille les deux costes contenantz en tout vingt huict pieds de long, dont une partye des pierres sont boulleversées et s'en trouve quelque unes de manque, il convient, tant pour les pilles dudit pont que pour la réparation des gardes fols, quatre vingts livres, y compris quelques réparations a receper a la muraille du costé de l'eau proche le Pelerin, ausquels apert qu'il y a viron cinq ou six ans que l'on n'y a faict aucunes reparations, cy. . . . . 80 l.

» Au petit pont alant du prébitere a l'église de St-Léger, il convient y mettre vingt huict planches de six pieds de long chacun et un apuy de douse pieds de long, pourquoy convient en tout la somme de . . . . 20 l.

» Pour le masson convient faire audit pont huict pieds de chaussée de pierre de tailles de quatre pieds de hauteur, pourquoy convient, en matereaux et peine d'ouvriers, la somme de vingt livres, cy   20 l.

» Sur le pont Canet nous avons remarqué qu'il y manque deux pieds de hauteur, tant pour reparer le garde fol que rechapronner iceluy, et François Lemoule, voysin dudit pont, nous a dict qu'il a veu trois ou quatre pierres de taille tomber dans l'eau et avons aussy remarqué qu'il convient reparer touttes les

pilles dudit pont et repousser a droicte ligne l'autre
costé du garde fol de pierre de taille et y mettre
quatre agraffes de fer qui y manque; pourquoy convient bien, pour matereaux et peine d'ouvriers, non
compris les dittes agraffes, pour ce la somme
de. . . . .   50 l.

» A la porte du fauxbourg Saint-Léger, convient,
pour le charpentier, mettre une solle a une des tours
qui est proche le marechal, et plusieurs colombages,
la parne de dessus avecq plusieurs plates formes cin-
trées; plus, a la tour de l'autre costé, convient y
mettre plusieurs cheverontz et pièces de platte forme
et une aiguille qui sont pouries, avecq plusieurs solleaux, pourquoy convient, en fournissant tout dudit
mestier de charpentier, la somme de . .   100 l.

» A laditte porte, pour le masson, il convient faire
six a sept toises de muraille tout de neuf pour le
rond de laditte tour du costé de l'eau, comme aussy
refaire une cheminée de quinse pieds de hauteur,
audit lieu rebasser une solle du costé du marechal,
receper deux pieds droictz de pierre de taille souls
laditte porte, et remanier tout de neuf la couverture
de laditte porte et corps de garde, y faire un plancher audit lieu, et avons remarqué que la barrière
mise et attachée par l'ordre du sieur Lhermet, adjudicataire des entrées, est attachée a l'un des principaux
pots qui soutient toutte la charpante, par la pesan-
teur de laquelle et l'eston continuel qu'elle donne audit bâtiment a causée une partie de sa ruine et donne
lieu aux réparations a faire, pour lesquelles il convient, tant pour les matéreaux que peine des ouvriers,
la somme de deux centz cinquante livres, cy. 250 l.

» Au pont du Trou Beschet convient le repaver

entièrement de grées et reparer la chaussée de pierre
de taille de viron soixante pieds de long et de trois
pieds de hauteur, et reparer sept à huict toises de
murailles au dessus dudit pont a chaud et a sablon;
pour le tout convient, pour les matereaux et peine
d'ouvriers, la somme de cent cinquante livres et que
il y a bien vingt ans que l'on n'y a faict aucunes reparations, cy. . . . . 150 l.

» Au pont Bavette convient y mettre deux planches de six pieds de long, convient aussi reparer les
murs qui sont advenant dudit pont d'un costé et
d'autre a hauteur d'apuy, contenant de long quatre
vingt douse pieds, et convient, pour matereaux et
peine d'ouvriers, la somme de cent livres, cy. 100 l.

» Au pont alant au Champ Durant, il convient y
mettre plusieurs planches de six pieds de long et
racomoder les deux pilles dudit pont, pour matereaux
et peine d'ouvriers, la somme de dix livres, cy. 10 l.

» Au pont du moulin de Saint-Thomas, convient y
mettre trente pieds de chapron, dont plusieurs sont
tombés dans l'eau, avecq trente deux pieds de chaussée du costé du fardeau a l'advenue dudit pont, pour
matereaux et peine des ouvriers, il convient la somme
de . . . . 100 l.

» Au pont proche le college, il convient y mettre
un apuy et entretoise du costé du fardeau, avecq une
pottille et quelques planches et deux sommiers de
traise pieds de long; pour ce convient la somme
de . . . . , ... 40 l.

» Au pont proche la tour d'Auvergne, il convient
rabattre entièrement deux arches dudit pont, qui
sont ruynés et une autre a reparer et faire les apuys
dudit pont de la longueur de deux arches et reparer

tout de neuf avecq le retour du costé du sieur Paulmier; convient aussy reffaire les apuits tout de neuf; pourquoy convient, en matereaux et peine d'ouvriers, la somme de six cents livres., cy . . . . . 600 l.

» A l'Hostel de Ville, il convient relatter et couvrir tout de neuf laditte chambre du costé de M. de Langle et repaulmeler le costé de la rue ; pour ce, en matereaux et peine d'ouvriers, la somme de. 200 l.

» Plus il convient replatrer et repaver aux endroictz nécessaires dans laditte chambre de ville ; pour cela somme de dix livres, cy . . . . 10 l.

» A la cave de la poissonnerie, il convient réparer la voutte et paver tout de neuf dans la cour de M. de Langle de pavé de grès ; pour matereaux et peine d'ouvriers, la somme de. . . . . . . 150 l.

» Aux loges de la poissonnerie, il convient les relatter et couvrir tout de neuf et repaver icelles, tant dedans que dehors, pour matereaux et peine d'ouvriers, la somme de cent livres. . . . . 100 l.

» Il convient receper plusieurs pierre de taille du pied du gros horloge, et reparer le cintre de la porte de dessous laditte tour, qui menace ruine ; pour le tout la somme de quarante livres, cy. . . 40 l.

» Pour le charpentier, il convient mettre un cheveron neuf sur la riolée de laditte chambre de ville, et rebrondir plusieurs autres, au mesme lieu ; pour le tout. . . . . 8 l.

» Il convient aux loges de la poissonnerie mettre deux parnes de chacun quinse pieds de long, et receper plusieurs pots et y mettre ceux estots ; pour ce il convient la somme de trente livres, cy . . 30 l.

» Plus convient aussy retoquer plusieurs pots dans laditte poissonnerie et recouvrir tout de neuf la gallerie du costé de la boucherie ; pour ce il convient en tout la somme de cinquante livres , cy. . .   50 l.

» Comme aussy il convient reparer la montée qui descend à la riviere de laditte poissonnerie ; pour ce convient en tout la somme de dix livres , cy.   10 l.

» A la seulle de la boucherie, il convient la retaluer en plusieurs endroicts ; pour matereaux et peine d'ouvriers, convient la somme de cent livres, cy.   100 l.

» Audit lieu il convient y mettre un pôt neuf et deux solles de chacun quinse pieds de long ; pour le tout convient en tout la somme de vingt livres, cy . . . .   20 l.

» Au pont de Robert Bande, il convient reparer les murailles tout autour joignant lesdittes boucheries, en pierre et cyment et peine d'ouvriers, la somme de cent livres, cy . . . .   100 l.

» Plus il convient remanier et repaumeler en plusieurs endroicts sur les deux boucheries, retocquer plusieurs potz, rebasser tout de neuf les soubassementz, retaluer en plusieurs endroicts, en tout la somme de. . . . .   1000 l.

» Au pont entrant dans la boucherie, convient y mettre plusieurs planches et y mettre plusieurs estotz et croutes ; pour le tout la somme de soixante livres, cy . . . .   60 l.

» Auxdittes boucheries, il y convient mettre plusieurs parnes et fillières, cheverontz, receper plusieurs potz, et y mettre plusieurs solles; pour bois et peine d'ouvriers, la somme de trois centz livres, cy . . . .   300 l.

» A la maison de ville, a l'une des cuisinnes, il y convient reparer la voutte proche du feu, qui est percée a jour, et refaire l'atrier de laditte cuisinne, et la repaver en plusieurs endroicts ; pour le tout, matereaux et peine d'ouvriers, la somme de dix livres, cy.   10 l.

» Audit lieu convient y mettre une parne et frileuse a la galerie, avecq plusieurs cheverontz, un pot de vingt pieds de long et plusieurs colombes ; pour ce il convient en tout la somme de cent livres, cy. 100 l.

» Audit lieu convient relatter et couvrir tout de neuf laditte maison de ville autant qu'elle contient, blocquer et replattrer en plusieurs endroictz, repaver les chambres aux endroictz nécessaires, renfoncer les montées de platre , refaire les aires des chambres et galleries qui sont en platre , et reparer presque de neuf, retaluer la pointe du costé de l'Hostel Dieu , rebasser et retocquer en plusieurs endroictz ; pour ce convient , en matereaux et peine d'ouvriers, la somme de . . . . 1200 l.

» A la porte au Febvre, entrant dans la ville, il convient receper plusieurs pierres des deux costés soubs laditte porte, relatter et remanier la couverture des deux tours , reparer le parapel du boullevard en plusieurs endroictz, comme il estoit cy devant, et recepper aussy un costé du pied droict de la porte alant au fauxbourg Saint-Thomas dudit costé , relatter et recouvrir laditte porte, repaver les deux pontz levis, qui ont esté remplis depuis peu de temps, pour matereaux et peine d'ouvriers, la somme de cinq centz livres , cy. . . . . 500 l.

» Au corps de garde de laditte porte, convient rebasser, retoquer et reterrer en plusieurs endroicts, reparer la cheminée qui est percée et le foyer, en matereaux et peine d'ouvriers, la somme de. .   20 l.

» Audit lieu convient y mettre deux solles de cha-

cun douse pieds ; pour bois et peine d'ouvriers, la
somme de. . . . . 10 l.

» A la porte du Bois Jolet, il y convient mettre plusieurs cheverontz et une fillière ; pour bois et peine
d'ouvriers, la somme de dix livres, cy . . 10 l.

» Audit lieu convient remanier entièrement la
couverture tant en thuille que chaume, et reparer la
cheminée ; pour ce convient, en matereaux et peine
d'ouvriers, la somme de vingt livres, cy. . 20 l.

» Au corps de garde de la rue Saint-Louis, il apert
qu'il a esté demoly et emporté toutte la devanture
par la rupture d'une charette incongnue et pour la
rétablir convient y mettre un potz et une solle, de
chacun douse pieds de long, une antretoise avecq
tout le colombage et trois solleaux ; pour ce convient,
tant en matereaux que peine d'ouvriers, la somme de
cinquante livres, cy. . . . . 50 l.

» Audit lieu convient retoquer et rebasser en plusieurs endroicts, faire le plancher tout de neuf, reparer la cheminée et repaumeler ledit corps de garde ;
pour matereaux et peine d'ouvriers, convient la
somme de. . . . . 60 l.

» Aux lieux communs du Trou Bailly , convient y
mettre plusieurs planches et colombages ; pour bois
et peines d'ouvriers, la somme de soixante livres ,
cy . . . . 60 l.

» Audit lieu il convient receper les pilles et arches
en pierre, avecq la montée descendant a l'eau , et rechapronner les apuits dudit pont de quinse a saise
poulces de hauteur et de dix pieds de longueur , reterrer et repaulmeler les ditz lieux , pour peine d'ouvriers et matereaux , la somme de cent livres ,
cy . . . . 100 l.

« » Au pont de la Geolle, convient reparer les pilles dudit pont, rechapronner le batardeau soutenant la riviere, reparer les murailles qui soutienne ledit corps de garde, rebasser tout de neuf du costé de M. Flambart, reparer entierement le plancher dudit corps de garde, repaulmeler entierement ledit lieu, reparer la cheminée et contrefoeu ; pour ce, en matereaux et peine d'ouvriers, la somme de cent livres, cy. 100 l.

» Audit lieu convient mettre deux solles de chacun huict pieds de long, et receper deux potz du costé de M. Flambart, et du costé du pavé convient mettre une solle de six pieds de long et plusieurs colombages, avecq un poinsson ou aiguille qui est rompu, pour matereaux et peine d'ouvriers, la somme de. 80 l.

» A la tour joignant la Geolle, convient y faire un plancher tout de neuf, une enchevestrure de cheminée et solleaux, et au segond plancher une enchevetrure de cheminée, lesquelles ont esté pouries faute de couverture ; pour ce en tout convient la somme de . . . . 100 l.

» Audit lieu, pour le masson, convient faire le premier plancher tout de neuf et faire une cheminée, descouvrir et relatter et recouvrir tout de neuf les deux tours de laditte porte, faire le segond plancher ; pour matereaux et peine d'ouvriers, la somme de 600 l.

» Audit lieu, pour le charpentier convient retablir le bastiment des deux tours de laditte porte, qui sont ruinés faute de couverture, et apert qu'il y a plus de vingt ans que l'on n'y a faict aucunes réparations ; pour bois et peine d'ouvriers, la somme de. 800 l.

» Au pont dudit lieu de la Geolle, convient y mettre plusieurs planches et sommiers ; pour ce . 80 l.

» Au pont du moullin de la Planche, convient rela-

blir les pilles et arches dudit pont, receper entièrement la muraille du corps de garde, retablir les apuits
et chaperons dudit pont, de viron quinse pieds de
longt, reparer de neuf le ravinage dudit corps de
garde, refaire le plancher de dessus de terre, repaulmeler la couverture dudit corps de garde ; pour le tout,
en matereaux et peine d'ouvriers, la somme de 100 l.

» Pour le charpentier, convient mettre une piecce
de platte forme avecq un sommier d'assemblage, lesquels sont rompus et pouris, et, dans la maison dudit
corps de garde, y mettre un solleau de dix pieds de
long ; pour le tout, en matereaux et peine des ouvriers, la somme de. . . . . 40 l.

» Il convient mettre un lien de fer pour tenir une
membrure de la ditte porte, qui a esté rompue par
une charette incongnue ; pour ce la somme de quatre
livres, cy. . . . . 4 l.

» Au pont de Notre-Dame, il y convient mettre plusieurs planches et sommiers, et appuitz et pottilles,
pour le bois et peine d'ouvriers, la somme de 100 l.

» Audit pont, il convient reparer les pilles dudit
pont, qui soustiennent les sommiers et plancher, receper les deux costés de laditte tour soubs laditte
porte, et reparer les murailles du costé de greniers
du chapitre ; plus il convient relatter et recouvrir
tout de neuf une tour joignant l'Evesché, qui est en
ruine ; pour matereaux et peine d'ouvriers, la somme
de mille livres, cy. . . . . 1,000 l.

» Au corps de garde de laditte porte de Notre-
Dame, il y convient faire un plancher tout de neuf et
y mettre deux solles de chacun dix pieds de long, et
pour la tour proche l'Evesché, laquelle est en ruine

faute de couverture ; pour la reparer de charpente et
peine d'ouvriers, la somme de. . . . . 200 l.

» Aux planches du Pont-Saint, il y convient mettre
plusieurs planches et châises de bois ; pour ce convient en tout la somme de. . . . . . 20 l.

» Plus nous avons remarqué que touttes les murailles qui environnent laditte ville et font closture
dicelle, sont entièrement en ruine et décadence ; pour
les reparer, tant en matereaux que peine d'ouvriers,
la somme de dix mille livres, cy. . . . 10,000 l.

» Du mercredy vingt huictième et dernier jour de
febvrier mil six cent quatre vingtz cinq, a Evreux, en
l'hostel commun de laditte ville, devant nous François
Fortin, escuyer, seigneur de Broquigny, du Plessis-
Grohan et Garel, conseiller du roy, lieutenant particulier civil au bailliage et siège présidial, se sont com-
parus les ditz Guillaume et Nicolas Godard, maistres
charpentiers, Guillaume Bigot et Jean Cheval, maistres
massons, desnommés cy devant, lesquels ont juré et
attesté le present procez verbal véritable en son contenu, et ausquel procès verbal et visite ils ont vacqué
chacun quatre jours entiers, sans compter ce jour-
d'huy, dont ils demandent qu'il leurs soit accordé
taxe. Et ont tous signé : signé Nicolas Godard, Guillaume Godart; le merc de Guillaume Bigot et Jean
Cheval soubscrits. Signé F. Fortin, de Beausse, de
Langle, Bigot, J. Dione, Deshays, de Langle et
Martel avecq paragraphes. »

1686.

24 Novembre. — On constate que les ponts, tours
et murailles de la ville sont en grande partie hors

d'état de pouvoir être réparés ; la plupart des ponts se trouvent remplis de boue et de fange et sans plancher, en sorte qu'en peu de temps, s'il n'y est pourvu, les entrées seront inaccessibles ; les tours des ponts sont prêtes à tomber, faute de réparations.

1687.

25 Février. — Le curé de Saint-Thomas demande et obtient les morceaux des canons brisés, pour les employer à la refonte des cloches de sa paroisse.

1701.

18 Mai. — Adjudication des octrois, moyennant 2,100 livres.

1703.

26 Septembre. — Michel Lecousturier, seigneur de Courcy, nommé colonel des bourgeois d'Evreux.

1704.

20 Juillet. — Le sieur Bernard Lefebvre est pourvu par le roi de l'office de conseiller, premier échevin en l'hôtel-de-ville et communauté d'Evreux, créé héréditaire par édit du mois de janvier 1704.

1705.

22 Octobre. — Des personnes étrangères au corps de ville s'introduisent dans la salle des délibérations. Le procureur du roi se plaint de cette infraction.

Sommées d'expliquer le motif de leur présence, elles s'excusent en disant qu'elles étaient venues sur l'invitation du maire, parce qu'elles avaient des remontrances à faire, puis elles se retirent sans insister.

1707.

3 Août. — Installation de Michel Lecousturier, pourvu, le 15 juillet 1707, de l'office de maire alternatif et mitriennal d'Evreux, créé par l'édit de Versailles de décembre 1706, enregistré au parlement de Paris le 31 janvier 1707.

1709.

6 Octobre. — Conformément aux ordres du duc de Luxembourg, gouverneur de la province de Normandie, on place une garde aux prisons royales pour la sûreté de la personne de Claude Le François, diacre, accusé d'avoir tué la dame de Montreuil, prieure de l'abbaie de Saint-Sauveur.

14 Octobre. — Jacques Potier de Novion, évêque d'Evreux, meurt le 14 octobre. « Son corps a été mis, le 17 du même mois, dans le tombeau qui est dans le chœur de l'église cathédrale, proche les chaises des chapelains, chantres et enfants de chœur, à main droite. »

1710.

23 Mars. — L'intendant de la généralité de Rouen fait défense au corps de ville d'assister aux céré monies, sans être préalablement invité par lui.

1711.

21 Mars.—M. Le Normand nommé évêque d'Evreux,

7

par suite du décès de l'abbé de Heudicourt, précédemment nommé. On décide que le corps de ville ira le saluer à son arrivée et lui offrir les présents accoutumés ; « mais comme il ne se trouve point en cette ville de vin propre à présenter, il a été convenu qu'il sera envoyé un de nos gardes à Rouen pour y acheter vingt-quatre bouteilles de vin des Canaries et, pour subvenir à ces frais, il lui sera délivré un mandat de soixante livres. »

9 Mai. — Chute d'une partie des murailles de Saint-Thomas, par suite d'ouvertures faites par les sieurs Chevalot et Lebel, contraints à les rétablir jusqu'à concurrence de 1,000 livres.

10 Mai. — M. de Luxembourg, intendant de la généralité, défend au corps de ville d'assister au service du Dauphin.

18 Août. — Nouvelle chute des murailles, sur plusieurs points, et d'une tour dans la paroisse Saint-Nicolas.

1712.

7 Août. — M. Barbette nommé maire perpétuel en titre d'office, en remplacement de M. de Langlade, démissionnaire en sa faveur, en vertu de l'édit de décembre 1709.

1713.

9 Mars. — Assemblée des corps de métiers pour les réparations de la ville.

Les maîtres du métier de boulanger sont représentés par François Marche et Louis Allaire, gardes-jurés ;

Les maîtres du métier de boucher, par Jacques Delhomme et Pierre Lelandais, gardes-jurés ;

Les maîtres toiliers, par François Duval et Adrien Champion, gardes-jurés ;

Les maîtres serruriers, par Thomas Lecornu, garde-juré ;

Les drapiers, par François Ameline et Pierre Perez ;

Les maréchaux, blanche-œuvre et taillandiers, par Laurent Picard et François Havey ;

Les bonnetiers, par Adrien Dupuis ;

Les maçons, par Simon Canteloup ;

Les cabaretiers, par Charles Duchesne ;

Les pannetiers, par Etienne Colombel ;

Les chapeliers, par Louis Lallier ;

Les marchands joaillers, par Pierre Cheval ;

Les étamiers, par Pierre Osmont ;

Les carreleurs, par Philbert Bouvier et Eustache Rosset.

Les charrons, par Jean Mareux.

Le surplus des corps de métiers, ne s'étant pas présenté, ne fut pas consulté.

« Projet de tarif des droits d'entrée qu'il convient percevoir dans les paroisses de la ville d'Evreux, pour l'extinction de la taille.

Savoir :

3 liv. par muid de vin, boisson, vinette, vinaigre et vin gâté ;

20 liv. par muid d'eau-de-vie ;

2 liv. par muid de cidre et poiré, gros et petit, bière grosse et petite ;

liv. par bœuf, vache et taureau,

10 s. par mouton, veau et agneau ;

20 s. par porc ;

20 s. par cent de fœure, foin et paille ;

20 s. par voiture de bois à brûler ;

3 s. par somme du dit bois ;

2 s. par sac de charbon contenant demi-muid ;

10 s. par millier de tuilles, pavés, briques ;

2 s. par somme de plâtre et chaux ;

10 s. par cent de fert. »

12 Septembre. — Ordonnance qui autorise la démolition des tours de la Porte aux Fèvres, de celle près la maison de M. Boutroie et des deux petites tours « qui sont au bout de Saint-Léger. »

27 Septembre.—Des malfaiteurs rompent, avec des leviers, les appuis du pont Notre-Dame, et en jettent les planches à la rivière.

6 Octobre. — Les représentants des corps de métiers et des paroisses réunies au château d'Evreux, en présence du duc de Bouillon, autorisent un emprunt de 28,000 liv. pour les réparations de la ville.

» ÉTAT DES RÉPARATIONS A FAIRE.

Le pont du Trou-Béchet, auquel il convient de faire une nouvelle arche...... .... 300 l.

Celui de Saint-Pierre, une nouvelle arche 300

Celui de Notre-Dame, deux arches de pierre.............................. 1,500

Celui de Saint-Thomas, à rétablir en pierre. 1,500

Le petit pont de Saint-Thomas......... 80

A reporter..... 3,680 l.

Report......	3,680 l.
Le pont du Trou – Bailly, auquel il convient de rétablir les lieux communs.......	150
L'arche du sieur Hennequin...........	500
Le pont de la Geosle.................	1,000
Le pont de la Planche................	150
Celui du moulin du Château..........	20
L'hostel de ville....................	200
Le gros horloge....................	600
Le collége........................	1,000
Et le nombre de 400,000 pavez évaluez à 30 liv. le milier.......................	12,000
Les voitures du pavé et du sable (1)....	8,000
Le Pont–Saint (2)...................	150
L'arche de Saint-Sauveur............	500
Un pont dans la rue aux Bouchers......	50
	28,000 l.

1714.

10 Janvier.— Convocation d'une assemblée des habitants pour le remboursement de la charge de maire, que prétendent faire les officiers du bailliage et siége présidial.

17 Janvier. — Adjudication de l'enlèvement des boues à raison de 6 liv. par jour.

25 Avril. — Les officiers de l'élection demandent la convocation d'une assemblée générale pour s'opposer à l'établissement des forges de la Bonneville, « d'autant que la ville d'Evreux et tous les pays circonvoi-

(1) Charroi.

(2) Dans une charte du chapitre d'Evreux, en 1245, ce pont est nommé : *Pons Siccus.*

sins manquant entièrement de bois, la forest d'E-
vreux, tout entière, n'étant pas suffisante pour
fournir le bois nécessaire pour la consommation de
la dite forge (1). »

On décide, quelques jours après, que, dans cette
affaire, il ne sera rien fait au nom de la ville.

1715.

6 Janvier. — Le corps de ville assiste au convoi de

(1) Voici, d'après un manuscrit contemporain, un curieux do-
cument sur les dépenses et les produits d'une grosse forge : on les
reproduit *in extenso* :

« MÉMOIRE

*De la dépense qu'un maistre de grosse forge est obligé de faire pendant
une année pour faire cinq cens quatre vingt mille huit cens livres
de fer poids de forge qui est cent huit pour cent à raison de vingt-
deux jours de travail par mois et de deux mille deux cens livres
de fer par chaque jour l'un portant l'autre.*

» PREMIÈREMENT

» Il faut neuf mille cordes de bois, de huit pieds de couche et quatre
pieds de haut et deux pieds et demy de long, chaque corde revient
ordinairement, compris la façon, à quarante sols et doit rendre deux
pipes de charbon, en sorte que les dittes neuf mille cordes rendent
dix huit mille pipes de charbon ; la pipe de charbon revient au maistre de forges, compris le dressage, cuisson et voiture à vingt-trois
sols, ce qui fait pour les dittes dix-huit mille pipes vingt mille sept
cens livres, cy.............................. 20700 l.

» Neuf cens banneaux de mine a quarante sols le
banneau font dix huit cens livres, cy............ ... 1800

» Deux cens banneaux de marne à dix sols le banneau
fait cent livres, cy............................. 100

» Il se fait au fourneau trente cinq fondé à six jours
pour la fondé, et il faut pour tous les ouvriers du fourneau vingt huit livres par fondé ce qui fait pour les
trente cinq fondé neuf cent quatre vingt livres, cy..... 980

» Pour les pierres d'ouvrage, sablon, pavé et entretien
des soufflets pour le fourneau deux cens livres, cy..... 200

» Pour la refaçon du marteau, entretien des soufflets
de la forge et viel oyns douze cens livres, cy......... 1200

_____

A reporter........ 24980 l.

Mme de Langlade, épouse de M. de Langlade, écuyer, seigneur de Sassey, ancien maire perpétuel de la ville ; la compagnie est précédée de ses gardes qui portent chacun une torche de cire blanche aux armes de la ville, et auxquels on donne une paire de bas noirs et une paire de souliers neufs, suivant l'usage.

6 Février. — Réparations faites au pont de Robert

Report.....	24980 l.
» Pour deux journaliers deux cens cinquante livres, cy	250
» Pour le maréchal trois cens livres , cy..........	300
» Pour les charpentiers quatre cens livres, cy......	400
» Pour le fendeur six cens livres, cy.............	600
» Pour la façon de cinq cent quatre vingt mil huit cens de fer, à dix sols du cent, deux mille neuf cent soixante et dix livres, cy	2970
» Pour un commis à la forge deux cens livres, cy...	200
» Pour les clercs des ventes quatre cens livres , cy..	400
» Pour la dépense du maistre de forge, domestiques, gages des domestiques, nourriture des chevaux, pour l'achat de l'avoine, entretien des colliers, cordages, charette et charue six mille livres, cy................	6000
» Pour le loyer de la forge, tout au temps qu'en emporte le bail judiciaire, sept mille livres, cy..........	7000
» Pour l'intérêt de la somme de trente mille livres, qu'on est obligé d'avancer, trois mille livres, cy.......	3000
» Toute cette dépense se monte pour un maistre de forge à la somme de quarante six mille cent livres, cy.......................	46100 l.

PRODUIT.

» Il se fera dans la forge cinq cens quatre vingt mille huit cens livres de fer, dont vingt cinq mille se vendent en barre à neuf livres le cent, ce qui fera vingt deux mille cinq cens livres, cy.......................	22500
» Trente trois mille huit cens en verge, a dix huit livres le cent, fait trente trois mille huit cens livres, cy.	33800
» L'en vendra tous les ans dans les bois à des sendriers, faiseurs de ma.... des échalas, latto, à des chabottiers pour mil livres, cy.....................	1080
» Un moulin afermé sept cens cinquante livres, cy...	750
» Tout ce produit se monte à la somme de cinquante huit mille trente livres, cy........	58030 l.
» La dépense se monte à.............	46100 l.
» Il reste de profit.................	11930 l.

Bende (1), dont la voûte avait été rompue par les voi-
turiers.

7 Novembre. — Célébration d'un service pour le
repos de l'âme du roi Louis XIV (2). L'abbé Annil-
lon, qui prêche l'oraison funèbre, s'en acquitte aux
applaudissements du public, et reçoit 12 liv. de cire
blanche que lui présentent deux échevins chargés
d'aller le remercier.

1716.

3 Février. — Mort de M. de Langlade, maire de la
ville, pendant plus de 50 ans.

1718.

3 Décembre. — Sur la remontrance faite par le
conducteur de l'horloge de la ville, qu'elle est absolument hors d'état de marcher, si l'on ne travaille à y
faire d'autres roues et mouvements, dont le déran-
gement est si grand, qu'elle retarde ou avance de plus
d'une heure par chaque jour, suivant la disposition
du temps et de la saison ; qu'il est même obligé, par
les différents ouvrages qui sont usés et hors d'état de
servir, de la monter jusqu'à deux et trois fois par
chaque jour, et qu'il y a en outre plus de 40 ans
qu'on y a travaillé, il est décidé qu'on y fera des réparations.

1721.

9 Août. — La compagnie arrête qu'elle assistera

(1) Aujourd'hui pont de l'Horloge.
(2) Mort à Versailles, le 1er septembre 1715, âgé de 77 ans.

aux obsèques de monseigneur le duc de Bouillon, comte d'Evreux, décédé à Paris, le 25 juillet dernier. Elle décide que les bourgeois et habitants se mettront sous les armes pour accompagner le corps de ville, et nomme pour conduire lesdites compagnies, tant pour le présent que pour l'avenir, des bourgeois capables et de bonne conduite, aux lieu et place des lieutenants de milice bourgeoise qui ont été supprimés par le roi.

12 Août. — Cérémonie funèbre du duc de Bouillon (1).

1722

12 Avril. — Réédification des ponts du moulin de Saint-Thomas et du pont du collége.

1723.

12 Janvier. — Installation de M. Barbette, rétabli dans son office de maire (2).

« J'ai reçu de Pierre Barbette....., la somme de 16,500 liv., pour la finance de l'office de conseiller du roy, maire ancien et mitriennal de la ville et communauté d'Evreux, créé et rétabli par édit du mois d'août 1722, à titre d'office, pour en jouir, par le pourvu, aux gages de 300 liv. »

1724.

4 Septembre. — Première entrée à Evreux du duc de Bouillon (3), comme comte d'Evreux.

(1) Les comtes d'Evreux de la maison de Bouillon avaient fait construire le caveau funéraire de leur famille dans l'église de l'abbaie de Saint-Taurin.

(2) Il y a dans les procès-verbaux de curieux débats à cette occasion ; leur étendue s'est opposée à leur publication.

(3) Emmanuel-Théodose, IIIe comte d'Evreux de la maison de Bouillon.

8

1726.

20 Novembre. — Le sieur Lebel, conducteur de l'horloge, représente qu'elle est dans une grande décadence, qu'il lui est presque impossible de la faire marcher et qu'il est obligé d'y monter plus de dix fois par jour.

1728.

25 Avril. — Délibération sur le projet du duc de Bouillon, de faire creuser un canal pour le flottage (1).

1735.

27 Janvier. — On émet un avis favorable sur l'établissement, à Evreux, d'une manufacture de draperie par le sieur Thinel, drapier à Darnetal. — On lui accorde les exemptions qu'il demande.

1740.

25 Juin. — Projet d'établissement d'un petit séminaire.

2 Août. — Projet d'établissement d'un collége (2). On propose d'emprunter à cet effet une somme de 3,000 liv.

1747.

5 Juillet. — Inhumation de M. Bosguerard, lieutenant-général du bailli d'Evreux.

(1) Depuis Conches jusqu'à Acquigni.

(2) Dans la rue aux Maignans.

1748.

21 Mars. — Visite de M. Bosguérard de Garam-bourg (1), lieutenant-général, président-né des assemblées de la ville, après son installation.

8 Décembre. — Opposition de la ville à l'établissement du canal projeté par le duc de Bouillon.

1749.

13 Janvier. — « Dans la crainte des gens de guerre, qui pouvaient arriver et loger en ville, sans l'ordre de S. M., par suite des désordres arrivés à Paris, et la grande quantité de gens de guerre qui passent par la campagne, on envoie quérir les capitaines des portes de la ville et faubourgs, et, après leur avoir fait connaître la délibération du conseil, on leur fait prêter serment de fidélité, et de répondre sur la tête des malheurs qui pourraient arriver par leur faute, parce que aucun doit vaquer à ouvrir et fermer les portes, tant du soir que du matin, le soir à 9 heures, et le matin à 6 heures; de ne s'éloigner ni quitter la ville sans avoir pris congé du corps de ville et avoir mis à sa place leurs lieutenants-capitaines :

» Jehan Chevalot, greffier de l'élection, capitaine de la Porte Peinte;

» Louis, apothicaire, capitaine de la Porte aux Febvres;

» Guillaume Simon, greffier du bailliage, capitaine de la Porte de la Geôle;

» Guillaume Dubois, tabellion royal, capitaine de la Porte Notre-Dame.

» ... .., capitaine de la Porte Saint-Pierre. »

(1) Fils du précédent.

20 septembre. — Passage de Louis XV à Evreux.

« Sur l'avis que nous aurions eu que S. M. avait
déterminé de faire un voyage au château de Navarre,
le 17 du présent mois de septembre, et qu'elle devait
passer en cette ville en arrivant et lors de son départ,
nous aurions envoyé vers monseigneur le duc de
Luxembourg, gouverneur de cette province, pour
prendre ses ordres et savoir la manière dont on se
conduirait en cette occasion, lequel nous ordonna
de faire tapisser les rues par où S. M. devait passer,
de les faire illuminer, de faire mettre la bourgeoisie
sous les armes et de faire tirer le canon lorsqu'elle
entrera en ladite ville, et de se tenir prêt en outre à
présenter les clefs. En conséquence de ces ordres,
toutes les boutiques fermées, la bourgeoisie étant
sous les armes et rangée en haie depuis la barrière
de la Ronde, le long de la rue Ferrée, dite du Cheval-Blanc, jusqu'au coin de la Crosse, des deux côtés
de la rue, les officiers de la milice bourgeoise à leur
tête, les maisons tapissées et éclairées d'un cordon
de lumière qui commençait dès le haut de la côte,
dite du Calvaire, jusqu'à la porte du Bois-Jollet, qui
fut abattue pour rendre le passage plus libre, et les
officiers de l'Hôtel-de-Ville, partis dudit hôtel, portant deux clefs bronzées que l'on avait fait faire, et
qui étaient dans un bassin d'argent, précédés des
gardes de ladite ville, qui ont été habillés aux dépens
d'icelle, d'un habit de drap bleu, doublé de rouge,
veste et culotte d'écarlate et chapeaux bordés d'un
galon d'argent fin, pour se rendre dans une maison
où se tient la juridiction des huit chanoines de l'ancienne fondation de l'église cathédrale, que l'on avait
fait tapisser pour y attendre l'heure du passage et y

recevoir monseigneur le duc de Luxembourg, qui devait présenter le corps de ville à S. M. Lesdits officiers, ayant rencontré M. Bosguerard de Garembourg, lieutenant-général du bailliage, siége présidial de police et maire, qui était allé au château de Navarre pour prendre de nouveaux ordres de monseigneur le duc de Luxembourg, dans le milieu de la rue Ferrée, il leur dit que l'intention de S. M. n'était point de s'arrêter à la porte de la ville, pourquoi ils n'auraient point l'honneur de lui présenter leurs clefs, ce qui fit qu'ils revinrent dans le même ordre audit Hôtel-de-Ville. Dès qu'on aperçut les carrosses de S. M., qui arriva sur les huit heures et demie du soir au haut de la côte du Calvaire, on fit tirer le canon de la ville, et messieurs du chapitre firent sonner leur plus grosse cloche appelée Gabrielle. Le roi entra par la barrière de la Ronde, continua sa route par ladite rue Ferrée, tourna au coin de la Crosse et passa par la rue des Cordeliers, pour gagner la porte dite du Bois-Jollet qui venait d'être abattue et continua sa route par la chaussée nouvellement construite, pour se rendre au château de Navarre, laquelle chaussée était bordée aussi des deux côtés d'un cordon de lumière.

« S. M. étant partie de Navarre pour se rendre au Hâvre-de-Grâce, la nuit du 18 au 19 du même mois, elle repassa dans ladite ville, prit sa route par la porte du Bois-Jollet, par la rue Saint-Gilles, par le carrefour de Saint-Thomas, par la porte aux Fèvres, par la Grande-Rue, par la Porte-Peinte et par le faubourg de Saint-Léger, en tournant la maison des religieuses Ursulines, la bourgeoisie dans le même ordre que le jour de son arrivée et les maisons tapissées et éclairées de la même manière; on fit aussi tirer le canon de la ville. »

1750.

13 Septembre. — Enregistrement des lettres de provision de M. de Droisy, nommé gouverneur de la ville, en remplacement de M. de Motteux, décédé.

1751.

18 Janvier. — Rupture du pont de l'évêché.

13 Avril. — Démission de M. Bosguerard, maire.

15 Avril. — Arrivée de M. de Droisy, gouverneur de la ville.

21 Novembre. — Election de M. de Linières, procureur fiscal des eaux et forêts du comté d'Evreux, aux fonctions de maire, pour entrer en exercice le 1er janvier suivant. Cette élection est faite en exécution d'un arrêt de 1748.

1752.

17 Janvier. — Installation de M. de Linières.

1754.

17 Novembre. — Election de M. Ruault, conseiller au baillage, aux fonctions de maire.

Il est installé le 2 décembre suivant.

1756.

13 Mars. — Le duc de Bouillon pose la première pierre du collége. Il donne 2,400 liv. pour sa cons-

truction, l'évêque 1,200 liv., MM. du présidial 300
liv., MM. de l'élection 150 liv., le curé de Saint-
Taurin 300 liv., et le maire 108 liv.

1764.

29 Mai. — Acquisition de grès pour le pavage de
la ville, dans les carrières de Miserei, de Cierrei et
des environs.

1765.

11 Mars. — M. le duc d'Harcourt, gouverneur-
général de la province, vient à Evreux. La ville lui
offre 12 flambeaux d'appartement, du prix de 96 liv.,
et 24 bouteilles de vin de Bourgogne du prix de
48 liv.

1766.

6 Juillet. — Achat de deux pompes à incendies, du
prix de 1850 liv.

12 Septembre. — Le prince de Condé vient à Navarre.

1767.

13 Février. — Installation de M. Bosguerard de
Garambourg dans les fonctions de maire.

15 Mars. — On charge trois bourgeois (un menui-
sier, un serrurier, un sellier) du soin de faire agir les
pompes et de les exercer, afin qu'elles soient toujours prêtes à servir. L'intendant de la province est
prié de les exempter du logement militaire.

11 Juillet. — Lettres patentes qui confèrent au duc

de Bouillon le droit de nommer un maire à Evreux
et autres villes du comté d'Evreux.

— Novembre. — Décès de M. Ruault, ancien
maire.

15 Novembre. — Démolition des tours de la Porte-
Peinte.

1769.

25 Juin. — Proposition de faire une loterie pour
payer les frais de pavage des rues. On rappelle que
l'église Saint-Denis a été rétablie par ce moyen.

1770.

12 Août. — Installation de M. de Lartois de Saint-
Luc, nommé maire par le duc de Bouillon.

1771.

31 Octobre. — Inhumation du duc de Bouillon.

1773.

14 Février. — Adhésion au projet d'établissement
de la route d'Orléans à Rouen.

5 Mai. — Projet de l'évêque pour l'extinction de la
mendicité. Après délibération, on décide qu'il n'y a
pas de réponse à faire à ce sujet, vu la misère des
temps et la modicité du commerce.

1774.

2 Mai. — Lettre de l'évêque d'Evreux au corps
de ville, à l'occasion du collége :

« Versailles, 4 may 1774.

» Les affaires ne vont pas si vîte, Messieurs, dans

ce païs. A peine ai-je pu m'occuper du collége d'E-
vreux, je sçay seulement qu'il est des plus mauvais
et il me paroît bien difficile de le rendre meilleur. Je
regarderai toujours comme une de mes obligations
les plus importantes de veiller à l'instruction si nécessaire dans l'ordre moral et dans l'ordre civil,
aussi ne cesserai-je, Messieurs, de chercher les
moyens pour la procurer la plus parfaite qu'il se
poura dans votre ville. On me connoît très-peu,
quand on croit que je veux détruire votre collége;
en général personne n'est plus opposé que moi à
toute innovation. Il est vrai qu'ayant vu avec peine
que vos jeunes ecclésiastiques sortent du petit séminaire pour aller au collége, ce qui entraîne beau-
coup de dissipation, je voudrais trouver un moyen
qui les garantit de cet inconvénient et les mit à
même d'apprendre dans la maison tout ce qui est de
leur état. On remarque aisément que, dans les col-
léges, les pensionnaires sont ordinairement ceux qui
sont le mieux, parce que renfermés tous ensemble,
ils sont moins détournés par les objets extérieurs, et
s'appliquent plus à l'envi par émulation ; soyez donc
persuadés, je vous prie, Messieurs, que je ne veux
point détruire votre collége ; mais, comme les secours
que je puis avoir pour l'instruction sont des plus
médiocres, il est raisonnable, il est naturel, que je les
employe d'abord à former des ecclésiastiques auxquels la science est plus nécessaire et dont vous re-
tirez vous-même le fruit. Dans ce projet, comme
dans tout ce que je pourray entreprendre, je ne
chercheray que votre bien, etc.

    » Signé : † Fr. év. de Gap, nommé à l'év.
d'Evreux. »

9

1778.

6 Juin. — Organisation du corps municipal d'E-
vreux, en exécution de lettres patentes du 6 juin
précédent :

« De par le Roy,

« Sa Majesté s'étant fait représenter la délibération prise par les officiers municipaux et notables
de la ville d'Evreux, ensemble de la quittance de la
finance qui a été payée aux revenus casuels le 19
mars dernier, pour l'acquisition des offices municipaux créés pour la dite ville, en exécution de l'édit
du mois de novembre 1771, à l'effet d'être les dits
offices réunis et incorporés à la dite communauté;
s'étant pareillement fait représenter la délibération
prise par les d. habitans et communauté sur la nécessité de procéder à la nomination des officiers municipaux qui doivent succéder à ceux qui sont actuellement en exercice. S. M., ayant égard à la dite
délibération, et jugeant nécessaire de pourvoir à l'administration de la dite ville par un règlement à peu
près semblable à ceux qui ont été donnés à plusieurs
villes de la province de Normandie, et qui, en établis-
sant le bon ordre dans les assemblées de la dite communauté, statue sur la forme de réception des officiers municipaux et fixe le temps de leur exercice.
En conséquence, S. M. a ordonné et ordonne ce qui
suit pour être exécuté par provision et jusqu'à ce qu'il
en soit autrement ordonné.

Art. 1er.

» Le corps municipal de la ville d'Evreux sera
composé d'un maire, de quatre échevins, du procu

reur du roy du bailliage, faisant fonctions du procureur du roy de l'Hôtel-de-Ville, d'un sécrétaire-gref-
fier et d'un receveur des revenus patrimoniaux et
d'octrois, sans cependant que le procureur du roy,
le secrétaire-greffier et le receveur puissent avoir
voix délibérative dans les assemblées.

Art. 2.

» Le maire sera choisi indistinctement parmy les
officiers de judicature, dans le corps de la noblesse,
commensaux de la maison du roy, et jouissant des
priviléges de la noblesse et parmy les avocats, principaux bourgeois, négociants et notables habitants.
Lorsqu'il y aura lieu de pourvoir à cette place, il
sera élu trois sujets et le procès-verbal de leur élection sera adressé à M. le duc de Bouillon ou à ses
successeurs, à l'effet de choisir celui qui remplira
la dite place, conformément aux lettres patentes du
9 novembre 1766, et de le présenter à Sa Majesté.

Art. 3.

» Le maire exercera les fonctions de sa place pendant trois ans et les échevins pendant quatre, en
sorte qu'un d'eux sorte d'exercice chaque année. Les
uns les autres ne pourront être continués ou nommés
de nouveau, qu'après un interstice pareil au tems
pendant lequel ils auront rempli leur place, si ce
n'est par une permission expresse de S. M.

Art. 4.

» Parmy les quatre échevins, il y aura toujours deux
gradués, et les autres places seront remplies, autant
qu'il se pourra, par des sujets choisis da ns les classes
distinguées et parmy les plus notables habitants.

Art. 5.

» Pour accélérer le bien qu'on doit attendre de l'établissement d'un corps de ville à Evreux, S. M. voulant pour cette fin en nommer les principaux officiers, et agréant la présentation qui lui en a été faite, par M. le duc de Bouillon, de la personne du sieur Renault, lieutenant-criminel du bailliage et siége présidial, pour maire, a nommé et nomme ledit sieur Renault pour remplir la charge de maire pendant trois ans; le sieur Buzot, avocat, pour remplir la charge de premier échevin, pendant un an; le sieur Lecomte, marchand tanneur, pour celle de second, pendant un an; le sieur de Lardas, pour celle de troisième, pendant trois ans, et le sieur Delhomme, conseiller en l'élection, pour celle de quatrième, pendant quatre ans, parce qu'il sera procédé annuellement à l'élection d'un échevin, en place de celuy qui sortira d'exercice.

Art. 6.

» Outre le corps municipal qui composera le conseil ordinaire, la ville d'Evreux aura un conseil extraordinaire, représentant le général des habitants, qui sera convoqué pour la décision des affaires importantes, telles que la reddition des comptes, les délibérations à prendre pour toutes dépenses extraordinaires, pour les objets qui pourraient occasionner une nouvelle imposition sur les habitants, pour les élections, les procès à entreprendre et toutes les affaires qui, aux termes des anciens règlements, ont coutume de se porter dans les assemblées générales, et il sera toujours présidé, suivant l'usage, par le lieutenant du bailliage et siége présidial, et en son absence, par le maire et le premier échevin.

Art. 7.

» Ce conseil extraordinaire sera composé du conseil ordinaire de la ville et de huit notables, qui seront choisis dans le clergé, dans le corps de la noblesse, commensaux de la maison du roy, et autres, jouissant des priviléges de la noblesse, parmy les officiers de judicature, les avocats, procureurs, notaires, greffiers, bourgeois vivant noblement, négociants et autres notables habitants, en sorte qu'il y ait toujours parmy les huit notables un gentilhomme et deux officiers de judicature ou avocats; ces huit notables exerceront leurs fonctions pendant quatre ans, en sorte qu'il s'en renouvelle la moitié tous les deux ans, à l'effet de quoy les quatre premiers qui seront nommés, conformément à l'article 8, ci-après, n'exerceront, pour cette fois seulement, que deux années.

Art. 8.

» Après que lesdits maire ou échevins, désignés par l'article 5, auront prêté le serment requis et accoutumé, ils pourront pour cette fois, et sans tirer à conséquence, à la réquisition et diligence du procureur du roy, procéder à l'élection des quatre premiers notables dont le service est fixé à quatre ans, S. M. attribuant autant que de besoin aux susdits maire et échevins, pour la dite élection, toute authorité et pouvoirs à ce nécessaires.

Art. 9.

» Le conseil extraordinaire de ville ainsy formé, il sera, dans une assemblée convoquée à cet effet, procédé à l'élection d'un secrétaire-greffier et d'un receveur, pour exercer leurs fonctions pendant six années consécutives, avec faculté de les continuer, s'il est jugé nécessaire, et de tous les autres officiers ministériels de l'Hôtel-de-Ville.

Art. 10.

» Lorsqu'il y aura lieu de procéder à l'élection des sujets qui doivent être proposés pour la place de maire, ainsy qu'à celle des échevins et autres officiers de l'Hôtel-de-Ville et des notables, il sera convoqué une assemblé générale, composée comme il est porté à l'article 7, et l'élection se fera par scrutin, à la pluralité des suffrages.

Art. 11.

» En cas d'absence du procureur du roy, pour maladie ou autre légitime empeschement, il sera suppléé dans ses fonctions, tant aux assemblées particulières que générales et en toutes autres occasions, par l'échevin gradué dernier élu, sans néanmoins que ledit échevin soit tenu de quitter sa place.

Art. 12.

» Le bureau ordinaire de la ville s'assemblera tous les quinze jours, le dimanche après vespres et plus souvent, si les affaires le requièrent, il sera convoqué par le maire et en son absence par le plus ancien officier, suivant l'usage.

Art. 13.

» Il sera aussy tenu chaque année deux assemblées du conseil extraordinaire de la ville, l'un le premier dimanche du mois de juillet, et l'autre le lendemain de Noël de chaque année. Dans celle du lendemain de Noël il sera procédé à l'élection des officiers qui se trouveront à remplacer. Dans l'une et dans l'autre il sera présenté, par le receveur, un bref état de sa recette et dépense, afin de faire connaître la situation des affaires de la ville, indépendamment du compte final qu'il sera tenu de rendre tous les ans, en l'assemblée qui lui sera indiquée et qui sera convoquée à cet effet. Outre ces deux assemblées du conseil extraordinaire, le bureau de la ville pourra, dans un autre temps, convoquer celles qu'il jugera nécessaires.

Donné à Marly, le 6 juin 1778.

Signé LOUIS, et plus bas : BERTIN.

5 Octobre. — Inhumation de M. de Lartois de Saint-Luc, maire.

Installation de M. Regnault, lieutenant-criminel, nommé maire en remplacement de M. de Saint-Luc.

1779.

23 Décembre. — Formation d'un atelier de charité dans le but d'éteindre la mendicité.

1780.

16 Juillet. — Vote du numérotage des maisons de la ville. Opération ordonnée par l'article 3 du titre 5 de l'ordonnance du premier mars 1768.

Trois foires se tenaient alors à Evreux, la première, celle de Saint-Taurin, pour les bestiaux, dans une prairie de l'abbaye, près de l'abbatiale, et pour les marchandises dans la rue du monastère de Saint-Taurin; la deuxième, dans le faubourg de Saint-Léger, le mardi de la Pentecôte; et la troisième, le

6 décembre, dans une place dépendant de la lépro-
serie de Saint-Nicolas. Il y avait aussi anciennement
un marché pour les bestiaux, dont il est fait mention
dans le procès-verbal d'évaluation du comté d'E-
vreux, en 1298, lorsque Philippe-le-Bel le donna en
apanage à Louis, son frère.

La ville sollicite la création de trois nouvelles
foires et le rétablissement d'un marché aux bestiaux,
qui devait être tenu le samedi de chaque semaine
sur la place Saint-Léger.

1781.

21 Avril. — On donne un habillement « convenable » à chaque pompier.

25 Mai. — Les gardes de ville n'ayant point été
habillés depuis le passage du roi, en 1749, le maire
est autorisé à faire renouveler leur habillement.

29 Novembre. — Translation du collége dans les
bâtiments du petit séminaire (1).

1782.

27 Janvier. — Réclamations sur la démolition de
la porte du boulevard Saint-Pierre, donnée à la ville,
en 1767, par le duc de Bouillon, et prière au duc
régnant de renoncer à son projet de s'emparer des
matériaux.

27 Mars. — Requête présentée à l'intendance
pour le pavage des rue du Cheval-Blanc et pont de
la Planche.

(1) Rue aux Maignants.

9 Juin. — Installation de M. Martel, maire.

1783.

8 Novembre. — Cérémonies pour la publication de la paix du 3 novembre 1783.... La marche a commencé dans l'ordre qui suit :

« Un ancien carabinier ouvrait la marche, à cheval, sabre à la main.

» Les tambours, fifres et musiciens de la ville.

» Au centre de la tête :

» Une brigade de maréchaussée commandée par M. Cochart des Ervolus, à cheval, sabre à la main.

» Le cortége a marché ensuite sur deux colonnes, ainsi qu'il suit :

» Colonne droite :

» Un cavalier de maréchaussée à cheval, bayonnette au mousqueton.

» Le premier huissier du bailliage (M. Olivier), » Le greffier du bailliage (Me Deshayes), » Le commissaire de police (M. Talibou),	à cheval, en robes et la tête couverte d'un chapeau rabattu.
» M. Regnault, lieutenant criminel, » M. Engren, lieutenant particulier civil, » M. Gazan, procureur du roy,	Idem.

» Cette colonne, fermée par deux huissiers en robes, à cheval et tête couverte, et un cavalier de maréchaussée.

» De chaque côté des colonnes, en dehors, marchaient les officiers et bas-officiers de la milice bourgeoise, commandés par M. Le Grand, major.

» Colonne gauche :

» Un cavalier de maréchaussée, à cheval, bayonnette au mousqueton.

» Deux gardes de la ville, à cheval, revêtus de leurs habits uniformes, bandoulières, avec leurs albardes (sic).

» Le greffier de l'Hôtel-de-Ville, à cheval, en robe de palais, la tête couverte d'un chapeau gancé en or avec gland et bourdalou (M. Vochelet).

» M. Martel, écuyer, maire, à cheval, en habit de velours noir, manteau de soye, veste riche fond or, cravate de dentelle, l'épée au côté avec nœud de dentelle, canne à pomme d'or à la main, la tête couverte d'un chapeau à plumet blanc, garni en or.

» M. Duvaucel,
» M. Le Blanc–Boisbrard, } échevins, en habit noir, manteau, cravate et têtes couvertes d'un chapeau comme le greffier.

» Cette colonne était fermée par deux casaques ou gardes de la ville et un cavalier de maréchaussée.

» N. B. MM. les officiers du bailliage et de la ville avaient, ainsi que leurs greffiers, à côté d'eux, à droite, chacun un homme (laquais) en gand blanc et cocardes, tenant les rênes du cheval.

» Après la lecture de l'ordonnance du roy, il a été, par le maire, crié trois fois : Vive le roy ; ce qui a été répété par le peuple. »

24 Décembre. — « Sur ce qui a été remontré par

M. le procureur du roi, que MM. les maire et échevins n'ont pas perdu de vue sans doute que le jour
de la publication de la paix, le nommé Lothon dit
Saint-Louis, demeurant chez M. l'abbé Lucas, ancien
président du présidial et ancien archidiacre et chanoine de l'église cathédrale d'Evreux, aurait résisté
et manqué de respect à M. Edeline, capitaine de la
milice bourgeoise pour la paroisse de Saint-Thomas,
et qu'encore bien que, suivant le rapport fait par le
major à M. le maire, M. Edeline ait paru ne désirer
autre chose qu'une satisfaction de la part de ce particulier : cependant il aurait été mis en prison par
ordre de MM. de l'Hôtel-de-Ville; mais que, dans la
même journée, une personne de considération ayant
prié MM. de l'Hôtel-de-Ville de lui accorder sa liberté,
il aurait été élargi à condition d'aller sur-le-champ
demander excuse à M. Edeline, ce dont il se serait
acquitté.

» Ensuite de quoi, M. le procureur du roi aurait
en outre remontré qu'il a été depuis informé que
l'excuse faite à M. Edeline ne paraissait pas suffisante,
encore bien que lui personnellement, dit sieur Edeline, ne consultant que la bonté de son cœur, n'en
exigeât pas davantage, mais que l'on répandait que
MM. les capitaines étaient dans l'intention de demander et prier MM. de l'Hôtel-de-Ville de leur rendre
cette satisfaction commune à tous, pourquoi M. le
procureur du roi aurait engagé M. le maire de convoquer la présente assemblée et d'y appeler d'abord
M. Edeline, pour sçavoir de lui s'il est informé que
MM. les autres officiers exigent en effet une nouvelle
satisfaction de la part dudit Lothon, lequel dit sieur
Edeline, présent, paraît désirer que MM. les officiers

fussent par eux-mêmes entendus, M. le procureur du
roi aurait requis que MM. les officiers fussent envoyés
prier de se rendre en cet Hôtel-de-Ville. Sur quoi
délibérant, il a été arrêté de voix unanime, que
MM. les officiers de la milice bourgeoise seraient envoyés chercher, pour être entendus, et ne se sont
trouvés que MM. Dessaux, capitaine de la compagnie
de Saint-Pierre ; Marche, capitaine de la paroisse de
Saint-Léger, et Lemercier, capitaine des paroisses de
la Ronde et Saint-Acquilain, lesquels arrivés et entendus et lecture faite du réquisitoire de M. le procureur du roi, ayant paru désirer que la satisfaction et
l'excuse dudit Lothon soit commune entr'eux et
M. Edeline, il a été de la réquisition de M. le procureur du roi, arrêté que ledit Lothon serait envoyé
chercher sur-le-champ par deux valets de ville armés de leurs albardes pour faire ladite satisfaction.

» Icelui Lothon, mandé et arrivé, a fait ses excuses
tant audit M. Edeline qu'à MM. les officiers de l'Hôtel-
de-Ville et officiers de la milice bourgeoise présents,
et sur l'injonction à lui faite par M. le maire, d'être
plus circonspect à l'avenir, et de respecter MM. les
officiers de la milice bourgeoise, sous peine de punition corporelle, ledit Lothon a supplié l'assemblée de
croire qu'il était respectant et porterait respect à l'a-
venir, ce qu'il a signé. »

1784.

25-26 Février. — Inondations qui causent pour
5,569 liv. 10 s. de dommages aux ponts de la ville.

1785.

10 Mars. — Installation de M. Engren-Delamotte,
lieutenant particulier du bailliage, nommé maire.

18 Mars. — Adhésion de la ville au projet d'établir l'hôpital des pauvres dans la maison des Jacobins.

L'évêque donne 6,000 liv. pour l'exécution de ce projet.

6 Avril. — Demande de secours au gouvernement pour la fabrique de draps et ratines établie en 1780, sous la raison Ribouleau et Cie, et qui n'avait point prospéré.

7 Avril. — *Te Deum* chanté à l'occasion de la naissance du duc de Normandie. Une amende de 10 liv. est prononcée contre ceux des habitants qui n'assisteraient pas à la cérémonie.

12 Mai. — Procession générale pour obtenir du Ciel la fin de la sécheresse. Le corps de l'Hôtel-de-Ville y assiste.

6 Juin. — L'intendant de la province ayant accordé à la ville un secours de 3,800 liv., pour réparer les dommages causés aux ponts pendant l'hiver de 1783—84, le pont du Bajolet est reconstruit; la dépense s'élève à 3,985 liv. 4 s. 4 d.

1786.

3 Mars. — « Il sera fait travailler non seulement à la marque par numéro de toutes les maisons de la ville d'Evreux, mais encore les rues seront désignées par leur nom sur une plaque peinte. Il est convenu de marquer toutes les rues à chaque bout à droite, soit sur des plaques de fer blanc peintes ou sur les pierres des maisons faisant l'encoignure desdites rues, à raison de 17 sols par chaque inscription et de mettre les numéros à raison de deux sols

par numéro ; enfin que les noms des rues désignées dans l'almanach d'Evreux année 1749, seront autant que possible conservés. Le sieur Langlois, vitrier à Evreux, s'oblige à commencer ce travail de suite, de façon qu'il soit parfait à Pasques prochain. »

1er Mars. Le duc de Bouillon abandonne à la ville le bénéfice à tirer des boues du carrefour.

22 Mars. — On décide que les maisons seront numérotées par rues et par quartier en commençant par le numéro 1er et continuer jusqu'au dernier en face de l'Hôtel-de-Ville où sera posé le premier.

30 Mai. — « Il est arrêté que les gros canons de la ville seront placés vers les Quatre-Chemins pour en être fait trois décharges à l'arrivée de Mgr le comte d'Artois et être tirés après ceux de Navarre, auxquels la ville répondra également de ses canons par trois salves, ce qui sera répété chaque fois que les canons de Navarre tireront et dans le moment du passage de Mgr le comte d'Artois par la ville. »

22 Novembre. — On propose d'ouvrir un boulevard depuis le pont du Bois-Jollet jusqu'à celui du faubourg Saint-Léger, par les dehors de la ville, derrière les Capucins, et d'établir des réverbères.

22 Novembre. — « Le procureur du roi représente à la ville que ses revenus, qui ne se montent qu'à 15 à 1800 liv., ne lui permettent pas de mettre à exécution son projet de construction de boulevard. Il ajoute qu'il vaudrait mieux s'occuper d'allonger la promenade de l'allée des Soupirs donc M. le duc de Bouillon a procuré l'agrément à la ville. On pour-

rait continuer ladite promenade le long des fossés des Pringalles. »

1787.

8 Février. — On abandonne le projet d'ouvrir un boulevard du pont du Bois–Jollet à la forêt, parce qu'il n'a pas été approuvé par le duc de Bouillon. Il est arrêté qu'elle emploiera les 1,200 liv. données à cet effet, et 2,400 liv. qu'elle a reçues du roi, à réparer, à exhausser et à planter le chemin d'Evreux à Saint-Germain, par le Moulin-Vieux.

3 Juin. — Proposition de faire dresser un plan de la ville.

1788.

17 Juin. — Collége :

Le professeur de rhétorique reçoit   300 liv.

—	seconde........	250
—	troisième.......	200
—	quatrième.....	175
—	cinquième......	150

« Chaque écolier leur paie en outre 6 liv. On dit qu'il y a de plus 3 liv. assurées pour tenir lieu de bouquet. Les commissaires ignorent l'époque de ces fixations. Le collége se compose ordinairement de 120 écoliers.

» Le bureau des pauvres paie aux mains du principal 650 liv.

» Le principal déclare que deux régents, indépendamment des places du collége, ont celle de chapelains de l'hôtel-Dieu, vallant au moins avec le collége 1,000 liv. »

Notes historiques extraites d'un manuscrit d'un curé de Saint-Thomas :

« Il paraît qu'il y avait des écoles à Evreux depuis le VIIIe siècle.

» En 1298, Nicolas d'Autheuil, évêque d'Evreux, confirme une donation faite aux écoles et aux maîtres des écoles, par Pierre de Senlis, doyen de la cathédrale.

» Elles étaient vis-à-vis la maison de l'*Ave Maria*. De là elles furent transférées dans le cimetière de Saint-Pierre, ce qui donna le nom de la rue des rue des Grandes-Ecoles à la rue de l'Hôpital.

» En 1420, il y avait un *magister scholarum*.

» En 1509, la ville acheta du chapitre la maison du Milan, sise rue de l'Emplumé, dite aussi la rue des Grandes-Ecoles.

» Ensuite la maison de la Tête-Noire, qui apparte nait au sieur de Fauville, procureur-général du parlement de Normandie, parce que l'emplacement, trouvé plus commode pour établir les écoles ou collége. C'est celui où est actuellement le collége.

» Le contrat d'acquisition de la maison du Milan est du 1er août 1509, et celui de la maison de la Tête-Noire est du 28 décembre 1530.

» Le 25 janvier 1538, il fut arrêté que le collége serait clos et fermé et qu'on établirait un principal qui aurait la surintendance sur les régents, sur les écoliers et sur les écoles subalternes de la ville.

» En 1556, Michel Geoffard, conseiller au parlement de Normandie et prieur de Saint-Jacques de l'hôpital d'Evreux, offrit dans une assemblée générale, la réunion et incorporation de tout le revenu de son prieuré au bureau des pauvres, parce que ce bureau donnerait au principal, pour lui et ses régents, 400 liv. par an.

» Le 8 octobre 1557, le prieuré de Saint-Nicolas de la Maladrye, fut de même réuni au bureau avec la nomination des cures d'Huest et Saint-Germain-des-Angles qui seraient affectées aux régents du collége.

» Gabriel Drouin, prébendé de Cretot, étant mort en 1567, les bourgeois y nommèrent M. Jean Guibert qui était dès-lors principal, et depuis 1556.

» Il paraîtrait que le chapitre ayant prétendu nommer un principal sans y appeler les notables de la ville, il y eut un arrêt du 28 avril 1570 qui jugea qu'à l'avenir la nomination du principal serait faite à l'Hôtel-de-Ville, appelés l'évêque ou ses grands vicaires, les députés du chapitre et les échevins de la ville...

» M. Guillaume Le Doulx fut élu (principal) en 1595, il mourut en 1616. Après sa mort, on proposa aux échevins de donner le collége aux Jésuites : ils demandèrent à en communiquer aux bourgeois qui les blâmèrent d'avoir été à l'évêché sans y avoir été députés, et refusèrent les Jésuites...

» Les écoles furent établies rue de l'Emplumé jusqu'à 1530. »

30 Juin. — Deux membres de l'Hôtel-de-Ville se rendent auprès de l'évêque pour lui demander d'ordonner les prières usitées pour la cessation des pluies.

22 Août. — Réclamations pour le rétablissement des fabriques de draps communs, anciennement très-nombreuses dans le faubourg Saint-Léger.

19 Septembre. — Mention de contestations entre la milice bourgeoise et la maréchaussée, relativement

à la préséance lors du convoi et inhumation de Mme la duchesse de Bouillon. Il en est référé au ministre de la guerre. La ville soutient les droits de la milice.

Nomination de commissaires à l'effet d'examiner un projet « tendant à parer la ville des inondations qui l'ont si souvent maltraitée. »

8 Octobre. — Service pour le repos de l'âme de Mme de Bouillon.

Nouvelle protestation des officiers municipaux contre les prétentions de MM. du chapitre, d'avoir la préséance sur eux.

1789.

23 Mai. — Un écuyer du duc de Bouillon vient annoncer à la ville le mariage de S. A. avec Mlle de Banastre :

« Il sera tiré aujourd'hui une salve de 9 coups de canon et une autre également de 9 coups de gros canons placés aux Quatre-Chemins.

Il est en outre arrêté que « le corps municipal se transportera demain à Navarre pour haranguer leurs altesses et offrir à la princesse un bouquet de fleurs naturelles et une corbeille garnie de 48 boîtes de confitures sèches, 3 douzaines d'oranges de Malte, ornées de 4 bouquets de fausses fleurs et d'un groupe en biscuit représentant l'Hymen ; que demain au départ des officiers municipaux, assistés du greffier ordinaire, il sera tiré une salve de 18 coups de canon. La milice bourgeoise ne prendra pas les armes, M. le duc de Bouillon ayant annoncé son intention que cet honneur soit réservé pour une autre circonstance. »

3 Juin. — « Par M. le maire a été dit que M. le duc de Bouillon lui a fait l'honneur de lui faire visite dimanche dernier et que M. Deboissy, écuyer de son altesse, y est aussi venu de la part de Mme la duchesse de Bouillon, pour remercier MM. les officiers de l'Hôtel-de-Ville, de l'honneur qu'ils lui ont fait.... »

« La ville vote une adresse à l'Assemblée nationale pour féliciter sur la réunion de ses membres et lui donner des témoignages de sa reconnaissance du zèle qu'elle met dans la chose publique. »

15 Juillet. — L'envoi de cette adresse est différé.

16 Juillet. — La ville ayant reçu du duc de Bouillon un bulletin de ce qui s'est passé à Versailles hier, arrête que l'adresse votée par elle à l'Assemblée nationale lui sera expédiée le plus tôt possible. — Le duc promet à la ville de lui faire part de toutes les nouvelles importantes dont il aurait connaissance.

20 Juillet. — Il a été arrêté qu'on organisera une milice bourgeoise pour veiller à la sûreté et à la tranquillité de la ville et un comité permanent composé de 20 députés choisis au scrutin et auquel tous pouvoirs sont donnés, chargé de veiller à la police générale, à la sûreté et à la subsistance de la ville.

Ce comité entretiendra avec ceux de Paris, Rouen et toutes autres villes, la correspondance qui sera jugée utile dans la circonstance présente. Le duc de Bouillon est prié par acclamation de se charger du commandement général de la milice bourgeoise. Le duc accepte et désigne le sieur Hugau, ancien lieutenant-colonel du régiment de Lauzun-hussard, pour commander sous lui.

21 Juillet. — La ville de Louviers demande qu'il lui soit envoyé trois des canons de la ville d'Evreux, « pour se garder des incursion des brigands. » On décide qu'ils seront envoyés et qu'en outre deux des canons du beffroi et « les deux gros » seront montés sur des affûts.

23 Juillet. — Injonction aux cabaretiers d'avoir un registre sur lequel ils inscriront les noms de tous les voyageurs qu'ils logeront et d'en remettre chaque jour entre 9 et 10 heures du soir, la liste au comité permanent.

Injonction de « dénoncer » de suite audit comité les personnes qui se présenteraient chez eux et qui leur paraîtraient suspectes.

Défense au maître de poste de donner des chevaux à qui que ce soit, partant de ladite ville, qu'il n'ait un permis du comité.

Défense à toute personne de tirer, soit le jour soit la nuit, aucuns fusils, pistolets, fusées ou pétards, sous prétexte de fêtes, bouquets ou quelqu'autre motif que ce soit, le tout à peine de prison.

Défense de faire battre la caisse si ce n'est pour le service de la milice, sans un permis du comité ou du commandant.

24 Juillet. — Des réclamations s'étant élevées contre les opérations du comité permanent, regardé comme illégalement composé, les habitants sont convoqués en assemblée générale dans l'église des Jacobins. Le maire « monte en chaire, » prononce un discours pour expliquer les motifs d'établissement du comité. Les habitants approuvent par acclamation les opérations du comité.

27 Juillet. — Défense aux boulangers de cuire d'autre pain que celui absolument bis.

1er Août.— Règlement provisoire relatif à l'ordre du service et à la discipline de la garde Ebroïcienne :

—

COMPOSITION DE LA GARDE EBROICIENNE.

Etat–major :

Un commandant en chef,

— en second,

Un major,

Un capitaine aide–major,

Deux porte-drapeaux,

Un adjudant,

Huit compagnies de fusiliers de chacune 86 hommes, non compris les officiers,

Chaque compagnie composée, savoir :

Un capitaine en premier,

— en second,

Deux lieutenants,

Deux sous-lieutenants,

1 Sergent-major,

4 Sergents particuliers,

8 Caporaux,

8 Appointés,

1 Tambour,

64 Fusiliers.

86

Peines et délits :

1° Trahison envers la cause commune : Déclaré traître à la patrie et renvoyé aux juges ordinaires.

2° Manque de subordination pour faits de service et le refus de service :	Un mois de prison.
3° Ivrognerie et négligence étant de service :	15 jours ou 3 semaines de prison selon l'exigence du cas.

» Serment :

» Je jure, sur l'honneur du nom Français, de servir et défendre mes concitoyens avec loyauté et subordination, de protéger les convois de blés, les accompagner tant au dehors qu'au dedans de la ville, de même les munitions de guerre et de bouche, pour notre utilité et celle de nos fidèles compatriotes et frères, tant de Paris que de la province de Normandie.

» Je jure de mourir plutôt que de souffrir que l'assemblée nationale soit violée dans aucun de ses représentans.

» Je jure enfin de me soumettre à l'observance des règlements et discipline du corps, sous les peines portées. »

8 Août. — « Le comité en reconnaissance du patriotisme de M. Buzot, député à l'assemblée nationale, le prie d'agréer la commission de capitaine en second de la garde Ebroïcienne, avec l'assurance de la première place vacante de capitaine-commandant. »

30 Août. — Bénédiction des drapeaux donnés par le duc de Bouillon.

1er Septembre. — Le comité est porté à 50 membres.

3 Octobre. — Députation de deux membres du comité pour aller complimenter, à son arrivée à Evreux, M. Buzot « notre généreux compatriote, infiniment recommandable par la grandeur de son âme, par la bonté de son cœur, par la supériorité de ses talents.... »

11 et 28 octobre. — Le duc de Bouillon donne à la ville une couleuvrine et cent fusils.

25 Novembre. — On décide « qu'il sera écrit à la commune de Paris pour la prier de réprimer la licence de ces gazettes incendiaires qui troublent le bon ordre et dont le but est d'armer le peuple contre deux classes de citoyens que la ville d'Evreux se ré jouit d'avoir dans son sein. »

19 Décembre. — Lettre de Buzot :

« Messieurs et chers concitoyens, la division de notre province est enfin terminée, et votre ville sera décidément le chef-lieu d'un département. MM. le Marechal, Desnoes et Lindet, curé de Bernay, ont secondé mes vues de tous leurs efforts. — Votre département sera un des plus beaux de Normandie ; il contiendra 335 lieues. »

22 Décembre. — Lettre de Buzot :

« ..... Nous avons fixé les limites du département d'Evreux avec ceux de Caen, d'Alençon et de Rouen.

« Comme il est important de contenter tout le monde, autant que cela est possible, et que vous connaissez mieux que moi les localités et les convenances de notre district, je vous prie d'emplacer vous-même les cantons et leur chef-lieu, et de m'envoyer promptement votre travail pour m'y conformer. Je vois bien que Conches, Vernon, Pacy, Ivry et Evreux doivent former cinq cantons; mais c'est à vous de former le reste....

» Nous n'avons point encore réglé nos limites avec le pays Mantois et l'Ile-de-France; je ne sçais pas trop jusqu'où s'étend (sic) nos limites, d'un côté au delà de Pacy, et de l'autre au delà d'Ivry; marquez-moi en même temps et bien exactement les villages et campagnes qui, de l'un et de l'autre côté, appartiennent à la Normandie.

» La ville d'Evreux va donc sentir, sous peu de jours, tous les avantages de ces nouveaux établissements, et elle peut se flatter d'être une des villes du royaume les plus considérables et les plus favorisées dans cette révolution.... Permettez-moi de me réjouir avec vous du bonheur de notre commune patrie et du plaisir inestimable d'y avoir contribué autant qu'il était en mon pouvoir..... »

1790.

15 Janvier. — Adresse d'adhésion aux décrets de l'assemblée nationale.

16 Janvier. — On écrit à Buzot pour savoir ce que l'assemblée nationale entend par imposition directe ou indirecte.

30 Janvier. — Défense, sous peine d'emprisonnement, de porter des masques dans la ville, ni de donner aucuns bals masqués pendant le carnaval.

Election de M. Letellier aux fonctions de maire de la commune d'Evreux.

14 Février. — Le maire, les officiers municipaux,

le procureur du roi, les notables prêtent, en l'église cathédrale, le serment de maintenir de tout leur pouvoir la constitution du royaume, d'être fidèles à la nation, à la loi et au roi. — *Te Deum.* — Le procureur de la commune monte en chaire et donne lecture du discours prononcé par le roi à l'assemblée nationale le 4 de ce mois.

14 Février. — Il est arrêté qu'il sera procédé prochainement, sur la place du faubourg Saint-Léger, à la prestation du serment civique entre les mains de MM. les officiers municipaux. Tous les citoyens de la cité, de toute qualité, de tout sexe, depuis l'âge de 18 ans, prêteront ce serment ; Mme la duchesse de Bouillon se rendra à l'assemblée pour y remplir son devoir de citoyenne.

19 Février. — Prestation du serment civique :

« . . . . MM. les maire, officiers municipaux, procureur de la commune, secrétaire et notables sont placés sur deux gradins circulaires drapés derrière l'autel de la patrie, sur une estrade. Cet autel était couvert d'un drap blanc, le tour orné de guirlandes de l'arbre *semper virens.* Sur l'autel une couronne pareille, et à chacun des quatre coins un jeune citoyen en habit uniforme, la main appuyée sur l'autel et tenant chacun une couronne aussi de *semper virens.*

» Le silence ayant été fait observer par un long roulement de tambours, le sieur Greuillet, custode et supérieur des cordeliers, aumônier de la garde ébroïcienne, a monté en chaire qui avait été placée à côté des gradins, a fait une très-belle exhortation généralement applaudie par le battement des mains et les cris répétés de bravo. Le silence ayant de nou-

12

veau été fait observer, M. le maire a monté à l'autel,
et a sur icelui prêté à la commune le serment civique.

» De suite, les officiers municipaux, procureurs
de la commune, secrétaire et notables l'ont prêté
entre les mains de M. le maire; après, M. le duc de
Bouillon, monté à l'autel, a mis aux mains de M. le
maire, l'épée du grand Turenne, lui a adressé un
petit discours, non-seulement sur l'autel, mais même
sur l'épée de Turenne, lui a demandé la permission
de faire le serment civique, ce qu'il a fait....

» Le corps municipal, toujours placé autour de
l'autel, y a reçu le serment des écoliers du collége,
marchant avec leurs drapeaux.

» Pendant toute la cérémonie, le carillon de la
ville et le canon se faisaient entendre. M. le duc de
Bouillon, s'étant approché de l'autel, a pris la couronne qui y était déposée et est venu la mettre sur
la tête de M. le maire, qui, l'ayant retirée, l'a rappor-
tée à la main et déposée sur le bureau. Il a été arrêté
que la couronne donnée à M. le maire, sera, de son
consentement, placée dans la salle de l'assemblée,
au-dessus du portrait de M. Necker. »

17 Mai. — « Le chapitre d'Evreux sera sommé de
déclarer dans les 24 heures s'il a donné procuration
ou non à l'église de Paris d'adhérer en son nom à
une prétendue déclaration d'une partie de l'assemblée
nationale sur le décret rendu le 13 avril, concernant
la religion.... »

21 Mai. — Les planches destinées à l'impression
de l'adhésion du chapitre d'Evreux, à la déclaration
d'une partie de l'assemblée nationale, sur le décret
du 13 avril, concernant la religion, sont brisées.

Le chapitre apporte à l'Hôtel-de-Ville son registre contenant cette adhésion : « désirant que cet acte de soumission volontaire puisse être à MM. les officiers municipaux un gage sûr de son amour pour la paix et la tranquillité publique. »

22 Mai — « Le conseil général, sur la requête du procureur de la commune, déclare l'acte d'adhésion du chapitre d'Evreux, aux conclusions du chapitre de Paris.... libelle séditieux, attentoire aux droits sacrés du peuple, au respect dû aux décrets de l'assemblée nationale.... et tendant à répandre, sous des prétextes religieux, le désordre et la dissension entre les citoyens. Le conseil déclare les chanoines signataires de ladite adhésion, parjures à leur serment civique. »

14 Juillet. — Donation de la halle :

« En mémoire de l'auguste fête qui rassemble aujourd'hui (14 juillet 1790) tous les Français, et pour la célébrer ;

« Sous la mairie de M. Jérôme Letellier,

» Son ami, Godefroi, duc régnant de Bouillon, pour lui donner une marque publique de ses sentiments, pour lui prouver son tendre et fidèle attachement à la ville d'Evreux et à ses habitants, son amour pour la patrie, pour la loi et pour le roi, son respect et son dévouement pour l'assemblée nationale, a donné et donne irrévocablement et à toujours, à la ville d'Evreux, la halle de cette ville, qui est à lui, pour en faire le même usage qu'elle en faisait lorsqu'elle était au susdit Godefroi, duc régnant de Bouillon.

» Fait et inscrit sur le registre de l'Hôtel-de-Ville,

l'assemblée générale du conseil général séante et
acceptante, pour servir à perpétuité de titre de propriété à la ville d'Evreux, le 14 juillet 1790.

» De suite, le conseil général de la commune, pé-
nétré de reconnaissance du nouveau bienfait de M. le
duc régnant de Bouillon, a arrêté d'une voix unanime.... qu'il serait placé incessamment au-dessus
de la porte de la halle de cette ville, un marbre contenant l'inscription entière dudit acte de donation,
et qu'au surplus, expédition du tout serait adressée,
sans délai, à l'assemblée nationale ; enfin, qu'incontinent, après avoir chanté à la fête civique de ce jour
le *Te Deum*, lecture sera faite à l'assemblée des
actes ci-dessus. »

Célébration du premier anniversaire du 14 juillet :

« .... Tout le contour de l'autel de la patrie, élevé
sur la place Saint-Léger, était orné de bouleaux verts
plantés et formant le cul-de-lampe. Cet autel, d'une
décoration simple de verdure, était couvert en blanc,
une croix dorée et deux flambeaux à chaque bout,
un enfant en uniforme et armé à chaque côté, et un
peu plus bas, à côté de chacun des enfants, les
porte-drapeaux les tenant déployés, escortés de deux
bas-officiers. Au milieu de l'autel et y attenant, une
pyramide élevée, peinte aux trois couleurs de la
nation, sur les trois pents de laquelle étaient les
inscriptions : *Vive la Nation, la Loi et le Roi. Droits
de l'homme. Abolition de la Féodalité.* Cette pyramide
était surmontée d'un vase sur lequel était planté un
pavillon de taffetas aussi aux trois couleurs, avec les
légendes en lettres d'or : *Liberté, Egalité, Fraternité.*

» Une messe basse a été célébrée. Un *Te Deum* et

un *Domine salvum* ont été chantés ; toutes les cloches de la ville sonnant en volées.

» Le canon de la tour a tiré successivement 83 coups de canon, en mémoire de la formation des 83 départements. »

17 Octobre. — Le Directoire du département est prié de solliciter, auprès de l'assemblée nationale, la création d'une seconde justice de paix.

1er Novembre. — Démission de M. Hugau, commandant en second de la garde nationale.

6 Novembre. — Démission de M. Letellier, maire.

12 Novembre. — Réception de M. de Varennes, élu commandant en chef de la garde nationale.

12 Novembre. — « Des citoyens réclament contre » la dépense occasionnée par l'achat du marbre » placé à la halle et contenant en entier l'acte de do- » nation de cet immeuble, » clause imposée par le duc de Bouillon, mais omise dans l'acte d'acceptation.

21 Novembre. — Installation de M. Duvaucel, élu maire.

23 Novembre. — Installation des membres du tribunal du district.

23 Novembre. — Création d'un poste de quatre .hommes, au département, pour la garde de la bannière fédérative, celle des archives et la sûreté de MM. les administrateurs.

3 Décembre. — L'église cathédrale allant devenir paroissiale, on demande au district l'ouverture de la rue du Doyenné jusqu'à l'allée des Soupirs.

Il est arrêté que le marché au cidre, situé sur le

carrefour, sera provisoirement transféré sur la place Saint-Léger.

12 Décembre. — On propose d'établir le cimetière dans la pièce dite des Quatre-Acres, appartenant aux ci-devant religieux Jacobins.

17 Décembre. — Projet de transférer l'hôpital dans l'emplacement des Capucins.

1791.

8 Février. — M. Greuillet, prêtre, élu procureur de la commune.

15 Février. — M. Lindet, curé de Sainte-Croix-de-Bernay, est élu à l'épiscopat du département de l'Eure. M. Morsent, président de l'assemblée électorale, le proclame évêque de ce département. Une messe solennelle en musique est célébrée à cette occasion.

27 Mars. — M. Lindet renouvelle solennellement, à la cathédrale, le serment civique prêté par lui lors de sa consécration.

18 Avril. — Loi du 10 avril 1791, qui supprime toutes les paroisses d'Evreux et les réunit à la cathédrale; toutefois, les églises de Saint-Germain et de Saint-Léger sont conservées comme succursales de la paroisse épiscopale; sont également conservées, mais seulement comme oratoires, les deux petites églises de Saint-Taurin et des Capucins.

Mandement à ce sujet :

« Robert-Thomas Lindet, par la miséricorde divine, l'ordination apostolique et l'élection constitutionnelle, évêque du département de l'Eure, dans la communion de la sainte église catholique, apostolique et du saint-siège de Rome, député à l'assemblée nationale.

» Nos très-chers frères, la loi qui réunit toutes les paroisses de cette ville en une seule, qui est notre paroisse cathédrale, nous rappelle ces heureux temps de la ferveur du christianisme où les chrétiens étaient unis à leur évêque et recevaient immédiatement de lui le pain de la parole de Dieu. On n'élevait d'autres églises que dans les lieux trop éloignés pour que les fidèles se rendissent à la paroisse épiscopale ; la circonscription de cette ville et de ses dépendances et sa population n'exige point que l'on conserve cette multitude de paroisses qui existaient dans les derniers temps ; l'église, mère des autres églises de cette ville, était devenue stérile ; elle n'avait plus d'enfants ; le premier pasteur du diocèse, après avoir confié le soin des âmes à d'autres pasteurs, restait lui-même sans troupeau. L'église cathédrale déserte et abandonnée.... Nous avons ardemment désiré la réforme de ces abus. »

Le corps municipal arrête que des commissaires délégués se transporteront dans chacune des églises supprimées, à l'effet d'y recevoir, des mains des sieurs curés ou trésoriers, les vases sacrés et toutes les autres matières d'or et d'argent qui y sont déposées, pour être ensuite, par iceux, portés au trésor de la cathédrale.

Une patrouille de quatre hommes, au moins, de citoyens de la garde nationale, armés, accompagnera le saint-sacrement, qui sera apporté par MM. les curés à l'église cathédrale.

23 Juillet. — Clôture du cimetière Saint-Denis.

20 Septembre. — Nomination de deux musiciens pour la visite des cloches du département, à échanger avec celles de la cathédrale. Arrêt du Directoire qui autorise la municipalité à choisir, dans le département, parmi les cloches des églises supprimées.

5 Août. — Les cloches de l'abbaye du Parc sont demandées au département, en échange de celles de la cathédrale, dont la plupart étaient cassées.

6 Octobre. — Il est arrêté que des quatre acres de terre acquises pour former le cimetière de la ville, deux acres seulement seraient encloses de murs.

21 Octobre. — Proposition de transporter à l'église épiscopale, dans laquelle il n'y a qu'une chaire roulante et presqu'indécente pour la première église du département, la chaire à prêcher de l'église Saint-Denis, réclamée pour l'église de Louviers.

24 Octobre. — Projet de réception de Buzot à Evreux :

« A l'approche de M. Buzot de nos murs, il sera fait une salve de canon, qui sera le signal donné pour que les cloches de la paroisse épiscopale sonnent et celles de la ville carillonnent. A l'entrée de M. Buzot dans la ville, il sera fait une seconde salve, et une troisième à son entrée chez lui. A cet instant, une députation ira le féliciter sur son retour et lui donner, au nom de la commune, l'assurance d'une reconnaissance sans bornes.

» Une députation se rendra également chez M. l'évêque, pour lui marquer les regrets de la commune de n'avoir pas su son arrivée, et le prier de participer aux honneurs qui seront rendus à M. Buzot, lui assurant que le conseil-général a toujours eu l'intention de lui rendre les mêmes honneurs. »

24 Octobre. — L'orgue de la paroisse Saint-Pierre est accordé à l'église de Pacy.

27 Octobre. — Approbation du cérémonial que se propose de faire la garde nationale pour recevoir M. Buzot : « Le dimanche qui suivra l'arrivée de M. Buzot, le conseil-général se rendra en corps sur la place d'Armes, au moment où les drapeaux s'y rendront, une députation se rendra chez M. Buzot, avec celle de la garde nationale, et M. Buzot, au centre des deux bataillons, y sera couronné par M. le maire, ensuite le conseil-général accompagnera la garde chez M. Lindet, qui sera pareillement couronné par M. le maire. »

22 Novembre. — Organisation de la garde nationale, d'après la loi du 14 octobre 1790.

25 Novembre. — Projet d'établissement d'une banque municipale, pour l'échange des assignats.

22 Novembre. — Lettres patentes conférant à M. Buzot (François-Nicolas-Léonard) le titre de président du tribunal criminel, pour 6 ans.

8 Décembre. — Pour tenir lieu, vis-à-vis des citoyens, des différentes prières et saluts qui avaient lieu dans les paroisses supprimées, pour leur montrer que la religion n'a rien perdu de son activité, et les mettre à portée de satisfaire leur dévotion au gré de leurs désirs, le corps municipal engagera, au nom du conseil-général, M. l'évêque et ses vicaires de vouloir bien célébrer tous les jours une grande messe

13

et les vêpres, et tous les dimanches soir un salut du
Saint-Sacrement.

31 Décembre. — Un arrêté du directoire du département fixe la tenue provisoire du tribunal criminel dans l'église du petit séminaire.

1792.

15 Janvier. — La garde nationale se compose de
1232 citoyens, sur lesquels 1024 sont dans le cas de
porter les armes et de faire un service personnel. Il
y a 18 compagnies, dont 2 de grenadiers.

7 Février. — Installation des membres du tribunal
criminel dans la maison commune.

19 Mai. — L'arbre de la liberté, planté en présence
et du consentement des officiers municipaux, par
les volontaires du Pas-de-Calais, lors de leur passage
à Evreux, est scié pendant la nuit.

27 Mai. — Plantation d'un arbre de la liberté; Buzot
et Lindet prononcent des discours patriotiques, qui
sont couverts d'applaudissements.

« Ce fut entre quatre et cinq heures qu'un très-
grand nombre de citoyens d'Evreux ou de ses dépendances, plusieurs habitants des communes voisines,
des cavaliers du 17e régiment, en garnison en cette
ville, se rendirent paisiblement, sans armes, sur la
place du château. De là on se rendit en ordre, sur
deux rangs..., en se tenant tous fraternellement
sous le bras, à l'extrémité du faubourg Saint-Léger,
où avait été déposé l'arbre civique. Cet arbre, que
son poids ne permit pas de porter à bras, comme le
désiraient les citoyens, fut traîné triomphalement

dans les rues d'Evreux, selon l'ordre de marche arrêté le matin. Toutes les branches de l'arbre étaient décorées de rubans aux trois couleurs, dont les bouts étaient tenus par des vieillards et des enfants. Malgré la pluie, qui survint dès le commencement de la marche, une joie franche animait tous les groupes; sur toute la route se firent entendre les cris de *vive la nation*, *vive la liberté*, *vive l'égalité!*

» Le mauvais temps fit supprimer les stations qui avaient été annoncées et l'exécution d'un hymne à la liberté, de la composition de M. Gossec. On parvint devant la maison commune à 6 heures et demie. Cette arrivée fut signalée par une nouvelle explosion de la joie universelle. Des cris mille fois répétés de *vive la nation!* furent le prélude de la plantation de l'arbre civique; les mêmes citoyens qui l'avaient abattu, eurent encore la gloire de faire toutes les dispositions pour la plantation. A peine ces préliminaires furent-ils finis, que MM. Duvaucel, maire; Lindet, évêque; Ecalard et Loliot, commandants de la garde nationale, désignés pour représenter la totalité des citoyens, s'approchèrent et jetèrent les premières pelletées de terre sur les racines de l'arbre, tous les citoyens succédèrent à l'envi, et chacun voulut concourir à sa plantation. Pendant toute cette cérémonie patriotique la musique exécute souvent le fameux air : *ça ira!* et d'autres analogues à la fête de l'union et de la concorde.

» Au moment de la plantation de l'arbre, une pique couronnée du bonnet rouge, symbole de la liberté, fut attachée au sommet des branches. Une cocarde aux trois couleurs avait été mise au bonnet, suivant le vœu des citoyens. Des dames accompagnèrent et

finirent gaîment cette journée, où l'égalité reçut un
nouveau triomphe. Un feu de joie, préparé sur la
place dite du Château, couronna la fête ; les commissaires regrettèrent qu'un trop court intervalle ne
leur ait pas permis de rendre plus utile encore, plus
remarquable, plus frappante en quelque sorte, par
des allégories, cette fête civique ; mais l'union, le
patriotisme des citoyens d'Evreux ont été consacrés
de nouveau par un acte public. Le but principal est
rempli. »

1er Septembre.—MM. Lecointre et Dalbitte, députés,
commissaires de l'assemblée nationale, viennent à
Evreux et logent au Dauphin.

9 Octobre. — Extrait d'une lettre de Buzot :

« .... O mes concitoyens, il n'est plus temps de
vous reposer dans une insouciance funeste, sur ce
qu'on peut faire ailleurs pour vous et en votre nom.
Sortons, sortons tous de cette coupable léthargie et
prenons enfin le caractère vigoureux et fier qui convient à des républicains ; qu'aucune considération
particulière ne nous arrête, il n'est qu'une chose qui
soit digne de mes respects et de mes hommages sur
la terre.... c'est la liberté ! »

12 Octobre. — Arrêté portant les changements suivants dans le nom de quelques rues :

NOMS PROSCRITS.	NOMS ADOPTÉS.
Rue Le Comte..............	République.
— Saint–Denis.............	la Liberté.
— Saint–Taurin...........	l'Union.
— Dauphin...............	l'Egalité.
Rue et cul-de-sac Saint-Pierre.	de la Loi.

Rue Saint-Sauveur.......... de la Convention.
— Fossés-Saint-Thomas.... des Fossés.
— aux Prêtres............. des Maris.
— du Trou-Bailly........... Traversière.

16 Novembre. — Election de deux officiers publics
pour constater l'état civil des citoyens.

— **Novembre.** — Le citoyen Girardin, élu maire,
n'accepte pas.

Il est fait part au district des embarras où l'on se
trouve pour remplacer la charité et combien les sé-
pultures présentent d'embarras.

16 Décembre. — Election du citoyen Ecalard
(Michel-François-Robert), aux fonctions de maire.
Il a été installé le 23 du même mois.

21 Décembre. — Translation des prêtres enfermés
aux Ursulines à l'évêché.

« Il est arrêté que les commissaires de surveillance
de cette maison préviendront ces prêtres fanatiques
et hypocrites de se disposer à faire « branle-bas » et
à déménager au premier instant. »

1793.

17 Janvier. — Le conseil-général se déclare en
permanence à l'occasion de la mise en jugement de
Louis XVI.

19 Février. — Lecture est donnée d'une lettre de
Robert-Thomas Lindet, évêque du département de
l'Eure, par laquelle il annonce qu'il a vaincu tous les
préjugés, et a contracté mariage au mois de décembre 1792.

25 Février. — Adresse de la commune à la convention, présentée par Robert Lindet, évêque du département :

« Louis XVI fut le dernier des rois de France, Louis fut un tyran Louis fit des serments, Louis fut un trompeur dans toutes les époques de sa vie, Louis fut un parjure ; il a mérité la mort, il l'a subie. Liberté, égalité, union, combattre nos ennemis, les vaincre, c'est ce que nous ferons.

» Maintenir la paix, la tranquillité, déjouer les complots des conspirateurs, voilà nos devoirs.

» Puissent nos opinions se propager et ramener tous les peuples de l'univers et leur faire connaître les droits imprescriptibles de l'homme.

» Grâces vous soient rendus, citoyens législateurs, recevez notre adhésion parfaite à tous vos décrets. Tels sont les vœux exprimés par le conseil-général de la commune d'Evreux. »

13 Mai. — Les citoyens Fournier et Branchard sont chargés d'enlever des églises les signes proscrits par la loi.

23 Mai.—Première séance publique de la commune à l'évêché.

2 Juillet. — Arrêté portant que le plomb provenant des fleurs de lys qui étaient sur l'église paroissiale, sera vendu pour, le produit, servir à payer les créanciers de la fabrique.

14 Juillet. — Un poste de 4 hommes est établi chez le citoyen Lecousturier, notaire, qui, conjointement avec lui et son fils, veilleront à la conservation des titres dont il est dépositaire.

14 Juillet. — Tous les postes de la ville, y compris

celui de la maison commune, sont levés, afin qu'à l'arrivée des troupes, elles puissent reconnaître qu'il n'y a aucune opposition.

Les administrateurs du département, à l'exception des citoyens Duwarnet et Le Roi abandonnent leur poste. — Il sera fait appel au peuple pour prendre, dans la cathédrale, les délibérations qu'exigent les circonstances critiques où se trouve la ville.

22 Juillet. — Les objets précieux des maisons de Saint-Sauveur, Saint-Taurin et les Ursulines sont transportés à la maison commune.

26 Juillet. — Décret du 17 juillet, qui ordonne que la maison de Buzot sera rasée :

« Arrête que dès aujourd'hui les meubles et effets que renferme la maison Buzot, seront transportés à la municipalité et déposés dans un endroit sûr, pour y rester jusqu'à ce qu'il en ait été autrement ordonné.

» Un piquet de frères d'armes armés, assez nombreux, protégera le démeublement et le transport des meubles. Les ouvriers de l'atelier de secours seront employés à la démolition. »

9 Août. — Démolition de la maison Buzot. La colonne sur laquelle doit être l'inscription déterminée par la Convention est placée à 3 ou 4 pieds de distance en arrière de l'alignement des maisons.

17 Octobre. — Exemption du service de la garde nationale aux ouvriers de l'imprimerie d'Ancelle, attendu qu'ils sont en réquisition pour l'impression des lois.

27 Septembre. — Création du comité de salut public provisoire.

Membres de ce comité.

Hullot, président.

Brise-Orgueil, médecin.

Corbin, marchand.

Pinchon, cultivateur.

Preu, ouvrier.

Marche père, fabricant.

Lecêne.

Lebrun.

Delestre, architecte.

Mameaux.

Robillard, marchand.

Passot, fabricant.

An 2.

22 Brumaire. — Prohibition des inhumations avec cérémonies extérieures et habits sacerdotaux.

24 Brumaire. — Lettre de Lindet, en date du 22 brumaire, par laquelle il abdique les fonctions épiscopales.

6 Frimaire. — Arrêté des représentants du peuple dans les départements de la Seine-Inférieure et de l'Eure, portant nomination du citoyen Brise-Orgueil aux fonctions de maire. — Réorganisation de la municipalité.

8 Frimaire. — Première séance de la municipalité Brise-Orgueil.

23 Frimaire. — Visite des réparations à faire au temple de la Raison et de la Philosophie, qui ont été occasionnées par la chute des objets et figures élevés par la royauté, féodalité, fanatisme...

25 Frimaire. — Il est fait invitation itérative à tout boutiquier de tenir sa boutique ouverte les jours « ci-devant connus sous la désignation de fêtes et dimanches. »

— Frimaire. — Arrêté des représentants du peuple

envoyés par la Convention dans les départements de la Seine-Inférieure et circonvoisins. (Delacroix, Louchet et Legendre.)

Les délibérations prises par le conseil-général d'Evreux, relativement à la révolte du département de l'Eure, seront biffés et bâtonnés par le commissaire de police, en présence dudit conseil-général et dans une de ses séances publiques.

6 Nivôse. — « Magasin général des dépouilles des églises, établi par le décret du 8 frimaire de l'an IIe de la République française, une et indivisible.

» Je soussigné, garde-magasin général des dépouilles des églises, nommé par le conseil exécutif, certifie avoir reçu des citoyens Thirouin l'aîné et Daube l'aîné, membres de la société populaire de la commune d'Evreux, les objets ci-après détaillés, provenant de la dépouille de l'église de la dite commune, savoir :

» *Or.*

» Dix-sept croix de ci-devant Saint-Louis, de diverses grandeurs, pesant 1 marc.

» *Vermeil.*

» Divers objets, tels que calices, ciboires et autres, pesant 45 marcs 2 onces 4 gros.

» *Argent.*

» Divers objets, tels que dessus, pesant ensemble 107 marcs 4 gros.

» *Galons fins.*

» Galons et étoffes brodées, avec ornements.... le tout du poids de 365 marcs.

14

» *Ornements fins.*

» Une grande quantité d'ornements, tels que chappes, chasubles et autres, pesant ensembl 2,032 marcs 4 onces 4 gros.

» Un morceau d'étoffe sur lequel est un St-Esprit brodé en argent, semé de perles fines....

» Deux croix d'autel en cristal de roche, garnies légèrement d'argent.

» *Faux.*

» Galons faux trouvés parmi le fin, pesant 15 marcs 6 onces.

» Une couronne de bois garnie de perles fausses de grais, cristaux et clinquants, un petit paquet d'étoffes de soie et laine, quatre brevets de croix ci-devant Saint-Louis, en parchemin et quinze en papier de divers emplois. Lesquels ont été déchirés en présence des commissaires.

» De tout quoi je quitte et décharge lesdits citoyens, observant que les matières d'or, de vermeil et argent contiennent des corps étrangers, tels qu'émail, fer, plomb et autres qui n'ont pu être distraits lors de la pesée. »

7 Nivôse. — Il sera célébré décadi prochain une fête nationale à l'occasion de la prise de Toulon.

« .... Après le prononcé des discours, se fera de suite l'inauguration des bustes de Brutus, Lepelletier et Marat, que les orateurs sont invités de ne pas oublier dans leurs discours.

» Ces bustes seront placés dans le lieu le plus convenable; au pied de chacun, seront placés des vases et cassolettes pour recevoir les libations; ces vases seront servis par l'innocence. La déesse de la liberté sera représentée par une jeune personne qui n'aura pas plus de 20 ans et portera la bannière.

» De là le cortége se portera en ordre sur la place de la Fédération, et les mannequins du scélérat Buzot, de son ministre Lecerf et du général Puisaye, ayant des écriteaux analogues à leur perfidie et aux maux qu'ils nous ont causés, conduits dans un tombereau, seront livrés aux flammes par l'exécuteur des jugements criminels. — Illumination. — Danses. »

14 Nivôse. — Sont considérés comme suspects, les citoyens qui fermeront leurs boutiques les ci-devant fêtes et dimanches.

8 Ventôse. — Un membre de la commune représente que, depuis longtemps, le caveau où sont déposés les cendres des ci devant princes de Bouillon, devait être ouvert pour en extraire les cercueils de plomb qu'ils renferment.

Arrête que le citoyen Ducamp fera faire cette ouverture le plutôt possible, que les cercueils seront retirés et les vestiges des cadavres déposés dans une fosse qui sera ouverte dans le cimetière St-Gilles.

29 Ventôse. — Les citoyens Delestre, Delhomme et Leblond, commissaires pour la descente des plombs de dessus les édifices nationaux abandonnés, expliquent à l'assemblée l'inconvénient qu'il y aurait à ôter les plombs de la flèche du temple de la Raison, dont la ruine serait inévitable après cet enlèvement.

2 Germinal. — « Le conseil général de la commune d'Evreux, à la Convention nationale,

« Citoyens représentants,

» De nouveaux scélérats, non moins dangereux

que ceux dont notre malheureuse cité n'a été que trop la victime, voulaient encore, sous le masque du patriotisme, anéantir le règne de la liberté et de l'égalité. Instruits par nos malheurs à nous méfier et à vouer à l'exécration tous les hypocrites, nous nous empressons de témoigner à nos dignes représentants les sentiments d'admiration et de reconnaissance que nous leur devons pour les grands services qu'ils viennent encore de rendre à la chose publique. Continuez donc, sages et braves Montagnards, à gouverner le navire de l'Etat, et soyez sûrs que nous voulons tous vivre ou mourir avec vous. »

9 Prairial. — « Lecture faite de la pétition adressée par les citoyennes Banastre et La Tour-d'Auvergne ci-devant Bouillon, tendante a ce que le conseil général atteste la conduite patriotique qu'elles ont tenue pendant leur séjour dans nos murs.. .... le conseil général, toujours animé du désir de rendre hommage à la vérité, aucun des membres n'écoutant que la voix du civisme et du républicanisme, ayant banni toutes considérations particulières...., l'agent national entendu, après que chacun des membres a eu émis son opinion sur le compte de ces citoyennes, d'où il résulte que, si il leur est échappé quelque acte de patriotisme et de civisme, elles ne l'ont fait qu'à force de sollicitations de la part du respectable chef de cette maison, qui existait encore, il a été arrêté qu'il serait mis néant au bas de la pétition. »

29 Messidor. — « Les citoyens Bourdet (Le Roi) et Vauquelin, députés de la société populaire, viennent proposer à l'assemblée d'entendre la lecture d'un projet d'adresse à envoyer à la Convention, au sujet

de la mort du scélérat Buzot, pour ensuite par le
conseil général y donner son adhésion, s'il le juge à
propos.

» Pendant la lecture, chaque membre a exprimé le
sentiment d'indignation que lui inspire le nom de cet
infâme scélérat, et après l'avoir voué à l'exécration,
le conseil général donne pleine et entière adhésion à
cette adresse. »

An 3.

29 Vendémiaire. — Arrêté portant :

« 1° Que la partie du temple destinée aux séances
de la société populaire, servira aussi de point de
réunion pour les rassemblements autorisés par la loi,
les fêtes décadaires et nationales.

» 2° Que la partie supérieure séparée par une
grille de fer et cachée par un rideau, sera unique-
ment destinée au culte à l'Eternel et que cette simple
inscription : *A l'Éternel*, placée au-dessus des portes
de ladite grille, formera la ligne de démarcation
entre ces deux points de réunion.

» 3° Que pour prouver que l'intention du conseil
général n'est nullement de les confondre, il est enjoint à tout citoyen de n'y entrer que la tête décou-
verte, de s'y conduire avec le respect que doit
inspirer un pareil lieu, et que les portes n'en seront
ouvertes que les fêtes décadaires et nationales depuis
11 heures jusqu'à midi. L'officier municipal de service, décoré de son écharpe, se portera à l'autel et
versera, sur les brasiers ardents qui y seront placés,
quelques cuillerées d'encens, hommage pur et simple
de la reconnaissance du peuple Français envers le
bienfaiteur de la nature.

» L'organiste exécutera des morceaux analogues.

» L'officier municipal lira ensuite les droits de l'homme et les devoirs du citoyen ; pour s'assurer des principes et des progrès des enfants des écoles primaires, il choisira au hasard parmi les élèves et les interpellera de répondre aux principes fondamentaux décrétés par la Convention nationale.

» Les vieillards, les femmes et les enfants auront les places les plus commodes du sanctuaire et auront tous la liberté de s'y asseoir.

» A 11 heures moins un quart, la cloche annoncera l'ouverture du sanctuaire.

» 4° Cinq commissaires, dont deux pris dans le conseil général, deux dans la société populaire et un dans le corps municipal, seront nommés toutes les décades pour le maintien du bon ordre, tant dans le sanctuaire que dans la partie destinée aux rassemblements populaires. Les commissaires de la municipalité seront décorés de leurs écharpes et rubans ; les pères et mères seront responsables du trouble que pourront y causer leurs enfants. La danse commencera à 5 heures précises et finira à 10. Le tambour de service au poste de la municipalité, avertira par un roulement qui durera un quart-d'heure, que les portes vont être fermées. »

13 Brumaire. — Adresse à la Convention à l'effet d'obtenir le rétablissement à Evreux, du district transféré à Vernon.

19 Brumaire. — Lettre de Lindet, annonçant que le district sera réintégré à Evreux.

Il sera écrit au citoyen Lindet, pour le prier de faire de nouvelles démarches à l'effet d'obtenir la décharge demandée par la ville, du prix du terrain dit les Quatre-Acres, qu'il est urgent de consacrer à l'usage pour lequel il a été acquis.

3 Nivôse. — Approbation des statuts de la société lyrique et fraternelle.

6 Ventôse. – « La Convention ayant décrété en principe que tous les monuments de la République qui retraceraient des idées injurieuses ou des signes de division seraient détruits, la commune considérant que le poteau élevé à la place de la maison de Buzot est injurieux à la cité, que cette trace diffamante pourrait être un sujet de division et exciter des troubles, ordonne que le poteau en question sera enlevé et les pierres apportées à la maison commune. »

11 Germinal. — Installation de M. Duvaucel, maire.

17 Germinal. — Désarmement des anciens membres du comité révolutionnaire.

21 Germinal. — Un attroupement de femmes s'oppose avec fureur au départ d'un convoi de blés. — Le représentant du peuple Bernier est insulté ; on lui jette des pierres. Il est blessé à la tête, et contraint de se retirer couvert de sang.

25 Germinal. — Une loi du 25 germinal approuve la conduite du représentant du peuple, Bernier, et mande à la barre de la Convention, le maire, l'agent national d'Evreux, le président et l'agent national du district, pour y rendre compte de ce qui s'est passé les 20 et 21 germinal. — Bernier suspend le départ de ces fonctionnaires.

3 Floréal. — Réception du décret du 30 germinal qui rapporte l'article de celui du 25 germinal qui mande à la Convention le maire et l'agent national de la commune, le président et l'agent national du district.

9 Floréal. — Premier enterrement dans le cimetière des Quatre-Acres.

5 Prairial. — Injonction à tous les membres de l'ancien comité révolutionnaire de comparaître à la maison commune tous les jours à midi et à 7 heures précises du soir.

28 Messidor. — « Il sera placé aux principales issues de la commune, qui seront les routes de Caen, Paris, Rouen et Orléans, l'inscription suivante :

« Citoyen, respecte les propriétés et les produc-
» tions d'autrui ; elles sont le fruit de son travail et
» de son industrie. »

30 Messidor. — Adresse à la convention sur le manque de subsistances de la ville.

« ...Déjà des agioteurs infâmes parcourent les campagnes et proposent de s'en approprier la récolte sur le pied de 1,500 liv. le sac formant 3 quintaux; ce que refuse à la vérité le laboureur, non pas par des motifs d'humanité tel qu'on pourrait le croire, mais parce qu'il en exige 2,000 liv... »

An 4.

20 Brumaire. — Nomination du citoyen Grangez aux fonctions de président provisoire de l'administration municipale.

4 Pluviôse. — Décret qui autorise l'évêque d'E-

vreux à prendre possession des bâtiments de Saint-
Taurin, pour y établir un séminaire.

— « . . . . Le citoyen Dhuique sera libre (arrêté du département) de rouvrir la salle de redoute établie chez
lui, sous la condition cependant que l'entrée en sera
publique en payant, par les amateurs, les sommes
qui seront réglées par l'administration municipale et
le citoyen Dhuique, et parce que ce dernier sera
tenu, sous sa responsabilité, de faire jouer chaque
jour de redoute et avant l'ouverture de la danse des
airs républicains, tels que ceux de la *Marseillaise*,
Ça ira, *Veillons au salut de l'Empire*, et le *Chant du
départ ;* arrête que le citoyen Dhuique est autorisé de
se faire payer 50 liv. par chaque citoyen qui voudra
se livrer au plaisir de la danse chaque jour de redoute. »

La salle a été fermée le 12 ventôse suivant.

An 5.

5 Ventôse. — Ouverture d'une nouvelle rue lon-
geant la côte et le monastère de Saint-Sauveur (1).

9 Floréal. — « Il est arrêté que tous les particuliers qui mèneront plusieurs chevaux à la fois à l'a-
breuvoir du moulin de la Planche, ou tous autres
endroits, seront tenus de les attacher par la queue
et non au col, sous peine d'être poursuivis suivant
la rigueur des lois. »

27 Messidor. — « L'échafaud devant servir aux
exécutions des jugements-criminels est élevé sur la

(1) Rue Neuve-Saint-Sauveur.

place Saint-Léger, vis-à-vis la ruelle du Moulin-à-Papier. »

An 6.

12 Vendémiaire. — Le citoyen Legrand est élu président provisoire de l'administration municipale.

26 Messidor. — Procès-verbal de la fête du 14 juillet.

« ... Là (sur la place du Château), se trouve élevé un monument représentant la Bastille avec des tourelles, des créneaux, un pont-levis et un glacis. Près de ce glacis et sur la Bastille sont placées différentes pièces de canon. Le drapeau blanc flotte au haut d'une des tours. A cet aspect, le cortège indigné s'arrête et chante la *Marseillaise*. L'avant-dernière strophe finie, on bat la générale, un coup de canon donne le signal du combat, les assiégés commencent le feu auquel répond celui des assiégants. Les tambours et la musique font entendre le pas de charge. Après diverses évolutions militaires habilement exécutées et de nombreuses décharges d'artillerie et de mousqueterie, le pont-levis est brisé, la porte enfoncée, la Bastille prise, le drapeau blanc déchiré et remplacé par quatre étendards tricolores. La victoire est annoncée par les cris répétés de *vive la République !* que fait entendre un nombreux concours de citoyens dont la musique seconde l'enthousiasme par l'air chéri de *Ça ira*. Vingt-huit coups de canon célèbrent le triomphe de la liberté sur le despotisme. Les vainqueurs de la Bastille ramènent au milieu d'eux quatre prisonniers dont le président du département brise les fers et à qui il donne des piques décorées de rubans tricolores. Pendant cette scène la musique exécute : *Où peut-on être mieux qu'au sein de sa famille*.....

» On devait exécuter une pièce représentant les divers attributs de la royauté qui auraient disparu sous une pluie de feu, et auraient été remplacés par la statue de la liberté environnée d'une gloire répondant à l'illumination qui avait lieu sur la place et aux arbres dont elle est enceinte ; mais la pluie qui est survenue a fait renvoyer au prochain décadi l'exécution de cette pièce. »

AN 7.

2 Floréal. — Le citoyen Crétien est élu président de l'administration municipale.

AN 8.

9 Germinal. — L'administration reçoit, du préfet du département de l'Eure, la lettre suivante :

« J'aurais désiré, citoyens, ne pas vous déplacer pour mon logement ; mais d'après la visite que j'ai faite de tous les bâtiments nationaux existants dans votre commune, celui que vous habitez est le seul que je puisse occuper ; je me trouve donc forcé de vous inviter à transférer vos bureaux dans le local que le directeur du jury, auquel j'en ai référé, occupe dans ce moment ; les mesures sont prises pour qu'il rende les appartements disponibles. Croyez, citoyens, qu'il m'est pénible de vous priver de la disposition d'un édifice qui vous était abandonné depuis longtemps ; il ne fallait pas moins que la nécessité de me loger d'une manière digne de mes fonctions, pour me déterminer à exiger de vous ce sacrifice. »

An 9.

5 Vendémiaire. — Installation de M. Dureau la Buffardière, nommé maire.

An 11.

30 Pluviôse. — Le conseil a exprimé unanimement son vœu pour que le citoyen maire prenne les mesures convenables pour faire abolir un usage superstitieux et cruel, par lequel l'association connue sous le nom de Charité, jette l'effroi dans tous les cœurs, par le son de ses lugubres tintenelles, et donne le coup de la mort aux malheureux moribonds qu'elle force de boire à longs traits le calice amer de la dernière heure.

An 12.

29 Frimaire. — Adoption du projet d'établissement d'une école secondaire.

1806.

11 Mai. — Projet de transférer, dans le local de Saint-Sauveur, l'école d'arts et métiers de Compiègne.

1807.

6 Mars. — Le nom de M. Chambaudoin est donné à la promenade formant prolongement de l'Allée-des-Soupirs.

1809.

17 Février. — Projet d'échange des bâtiments des Ursulines contre le château, et de transférer la mairie dans ce dernier local.

1810.

27 Mars. — Projet de réception de l'impératrice Joséphine.

5 Novembre. — Décret qui abandonne à la ville la propriété de la caserne de Saint-Sauveur.

1811.

9 Février. — Projet d'association pour l'établissement d'une salle de spectacle.

L'impératrice fait don de 1,200 francs.

Il sera créé 28 actions de 1,000 francs chacune.

Les actions porteront un intérêt de 5 pour cent, du jour de la solde de l'action, jusqu'à son entier remboursement.

La salle appartiendra de droit à la ville, lors du remboursement total des actions.

14 Décembre. — Demande de l'érection du collége en Lycée.

1813.

18 Avril. — Inauguration du buste de l'empereur dans la principale salle de l'Hôtel-de-Ville.

« M. le préfet ayant reçu des mains du sieur adjoint une couronne de lauriers, la pose sur la tête de l'empereur ....

» M. Boyard de Montalan, secrétaire particulier de M. le préfet, dirigeant alors ses regards sur l'image de S. M., lui adresse les quatre vers suivants, qui sont immédiatement adaptés (sic) au bas de son buste, comme un hommage offert au plus grand des héros :

« Napoléon bientôt va fixer la victoire !

» Arbitre de l'Europe, orgueil de l'univers,

» La foudre dans ses mains menaçant les pervers,

» Conduira les Français au temple de la gloire. »

6 Juin. — Installation de M. de Sepmanville, maire.

19 Août. — Préparatifs pour la réception de S. M. l'impératrice, reine et régente, qui doit arriver et séjourner en cette ville, le 23 de ce mois.

« Il sera érigé deux arcs de feuillages, l'un à l'entrée, l'autre à la sortie de la ville ; les rues par où le cortège passera seront tendues et sablées. Illumination, aux frais de la ville, de la place de la cathédrale, de l'allée des Soupirs, des places de la Comédie et du Château et de la salle de spectacle ; bal paré à la salle de spectacle ; danses pour le peuple sur la place du Château ; distribution de pain et de vin aux habitants. »

1814.

8 Avril. — « Le conseil municipal de la ville d'Evreux, spontanément assemblé, à nos Seigneurs composant le gouvernement provisoire de la France :

» Nos Seigneurs,

» La ville d'Evreux a appris avec des transports de joie les événements heureux qui nous ont délivré pour toujours de l'épouvantable tyrannie qui pesait sur les Français. Celui qui se jouait de ses serments et de la vie des hommes, celui qui a dissipé la fortune publique, celui qui a porté le fer et la flamme dans nos belles contrées, le plus cruel des tyrans, en un mot, l'assassin du duc d'Enghien, a cessé de régner, et les Bourbons, rappelés par le vœu de la nation française, vont reprendre ce sceptre antique

illustré par tant de siècles de gloire et de prospé-
périté.

» Grâces immortelles soient rendues aux monar-
ques généreux qui ont brisé le joug de fer sous lequel
nous gémissions depuis tant d'années. Le jour de la
chute de Bonaparte est un jour de bonheur pour la
France entière et particulièrement pour le département de l'Eure, qui était l'objet et la victime des plus
horribles vexations. La tyrannie était à son comble,
et la ville d'Evreux n'aurait peut-être pris conseil
que de son désespoir, sans les consolations qu'elle
recevait de l'administration vraiment sage et pater-
nelle de la mairie.

» Le conseil municipal, jaloux de manifester le
vœu général émis avec autant de liberté que d'enthousiasme par les habitants de la ville d'Evreux,
s'empresse d'exprimer le vœu le plus formel pour le
rétablissement du gouvernement monarchique dans
la personne de Louis–Stanislas–Xavier de France, et
de vous offrir son hommage respectueux, l'expres-
sion d'une confiance sans bornes et celle du plus sin-
cère dévoûment. »

Les membres du conseil ont signé cette adresse
et ont témoigné leur reconnaissance à MM. les membres du corps municipal, en ces termes :

» Les membres du conseil municipal de la ville
d'Evreux, réunis spontanément pour exprimer les
sentiments de joie qu'ils éprouvent depuis qu'ils ont
appris, par le bruit public, les changements heureux
survenus dans leur situation et celle de leurs concitoyens, votent des remercîments unanimes à M. le
baron de Sepmanville, maire, et à MM. Buzot et Delangle, adjoints de M. le maire, pour le courage avec

lequel ils ont défendu leurs administrés contre les efforts toujours renaissants de la tyrannie qui les opprimait et pour le dévoûment avec lequel il les ont préservés des horreurs de la guerre et de la prochaine destruction dont ils étaient menacés. »

Avant de se séparer, les membres du conseil ont adopté l'adresse suivante, basée sur l'ordre du jour du maréchal Jourdan, et ont arrêté qu'elle serait proclamée avec solennité dans les rues de la ville, le dimanche suivant, à l'issue de la grand'messe.

» Habitants de la ville d'Evreux,

» Napoléon a abdiqué le trône impérial; il se retire en l'île d'Elbe, avec une pension de 6 millions.

» Le sénat a adopté une constitution qui garantit la liberté civile et assure les droits du monarque.

» Louis-Stanislas-Xavier, frère de Louis XVI, est appelé au trône par le vœu de la nation ; l'avénement de Louis XVIII est le garant de la paix ; vos magistrats en sentent tout le prix : aussi se sont-ils empressés de donner à l'avance leur adhésion à tous les actes du gouvernement qui tendent à un but si longtemps désiré.

» Jurons donc obéissance et fidélité à Louis XVIII, et arborons la cocarde blanche, signe de cet événement heureux qui arrête l'effusion du sang, donne la paix et sauve la patrie.

» Signé : Branley, Cretien, H. Delarue, F. Lehaistre, Letellier, Dumonthier, Duvaucel, Charles, Marescal, Bosquier, Champagne, du Meilet, le baron de Sepmanville. »

23 Mai. — Le conseil municipal arrête que la place dite Bonaparte sera appelée place Royale, et que l'inauguration en sera faite avec solennité.

22 Novembre. — Copie de la lettre écrite de Paris le 20 novembre 1814, par S. A. S. Mme la duchesse douairière d'Orléans, aux maire et adjoints de la ville d'Evreux :

« Je suis, Messieurs, extrêmement sensible à la lettre obligeante que vous m'avez adressée au sujet des quatre statues m'appartenant et qui sont placées dans vos promenades ; votre conduite, à cet égard, est celle que l'on doit attendre de tous bons Français ; je souhaite que la réponse que j'ai chargé mon chancelier de faire au préfet de votre département vous soit une preuve de la sincérité des sentiments de votre affectionnée,

» Signé : Louise-Marie-Adélaïde de Bourbon Penthièvre, duchesse d'Orléans. »

Extrait de la lettre écrite de Paris le 20 novembre 1814, par le chef du conseil de S. A. S. Mme la duchesse douairière d'Orléans, à M. le préfet :

« M. le préfet,

» .... Elle (Mme la duchesse) ferait de bien bon cœur à la ville d'Evreux le don des quatre statues qui lui appartiennent, si la considération du bon exemple à donner pour les restitutions ne lui faisait pas désirer d'en retenir au moins une.

» .... Ainsi, M. le préfet.... choisissez celle des quatre statues qui sert le moins à la décoration des promenades d'Evreux (1). Veuillez me l'indiquer ; n'en

---

(1) Le conseil fit choix de celle de l'Apollon du Belvédère, aujourd'hui dans les jardins du Palais-Royal.

faites déplacer aucune : et lorsque Mme la duchesse douairière trouvera à placer, non loin du lieu où elle lui aura été conservée, la statue que vous lui aurez désignée, elle se rappellera avec satisfaction toutes les fois qu'elle la verra, que c'est au bon esprit des habitants d'Evreux qu'elle la doit. Elle souhaite que les trois qui resteront à Evreux rappellent aux habitants la satisfaction que la fille du vénérable duc de Penthièvre a éprouvée en leur laissant ce témoignage de son affection.

22 Novembre. — La bibliothèque est transférée dans le pavillon de la serre ; le terrain de l'enclos des ci-devant Capucins est mis à la disposition de la Société d'agriculture et de la Société de médecine du département, pour y faire, à leurs frais, des plantations et des expériences.

1816.

11 Février. — Installation de M. du Meilet, nommé maire par ordonnance royale du 18 janvier 1816, en remplacement de M. de Sepmanville.

APPENDICE (¹).

—

POLICE GÉNÉRALE DE LA VILLE D'ÉVREUX,

DU VENDREDY TRENTE AVRIL 1706.

L'an de grace mil sept cens six, le vendredy tren-
tième avril à Evreux au prétoire royal et jurisdiction
dudit lieu, devant nous Pierre de Langlade, écuyer,
seigneur de Sireuil, Sassey, Saint-Drieux et autres
lieux, conseiller du roy, lieutenant-général, civil
d'ancienne et de nouvelle création au bailliage et
siége présidial dudit Evreux, maire perpétuel et juge
de police de ladite ville, où étoient Messieurs de
Beausse et du Vivier, lieutenans, de Langle, de
Fontenay, de Beausse, Chrétien, Lormier et le Fevre,
conseillers; les sieurs le Mareschal et le Doulx de la
Musse, avocat et procureur du roy, le Fevre et le
Moine, premier et second échevin en titre d'office
en l'hostel commun de ladite ville, à ce appelez suivant la signification qui en a été faite audit Hôtel-
de-Ville ce jourd'huy par Viel, sergent royal, en
datte et controllé de ce jour, avec plusieurs bour-

(¹) Cette ordonnance de police devait faire partie d'un autre
recueil; mais on a cru être agréable au lecteur en la publiant dès
à présent. Les curieux détails qu'elle contient sur la vie et les ha-
bitudes de nos ancêtres, il y a plus d'un siècle, ont paru assez inté-
ressants pour motiver cette publication.

geois et habitans de cette ville présens, et tous
assemblez suivant nôtre ordonnance du neuf de ce
mois, lûë à l'audience dudit bailliage, le vingt-quatre,
publiée et affichée par ledit Viel, sergent, suivant
son procez-verbal dudit jour, controllé audit Evreux
par Cocqueterre, le vingt-sept de cedit mois.

A été procédé suivant et conformément aux édits
et déclarations du roy, arrests et réglemens de la
cour, à tenir la police générale pour reformer les
abus, entreprises et malversations qui se commettent
journellement en cette ville et faux-bourgs, avec
réglement certain tant aux marchands portans vendre marchandises qu'aux achetans, même aux hôtelliers, cabartiers, boulangers, bouchers, rotisseurs, regratiers, poissonniers, meusniers, blatriers,
que même aux bourgeois et habitans de cette ville ;
et tous autres artisans d'icelle, pour le tout être bien
et dûment gardé et observé à l'avenir selon qu'il sera
cy-après contenu et déclaré par chacun article ; en
quoy faisant nous avons, suivant la réquisition et
conclusions du procureur du roy, de l'avis des
conseillers dudit siége, et des échevins, syndics,
habitans et bourgeois de cette ville, statué et ordonné ce qui suit :

PREMIÈREMENT.

Il est enjoint et commandé aux huissiers et sergens
royaux de cette ville de mettre à exécution les ordonnances de police cy-après déclarées, de veiller
chacun à leur tour et dans leur quartier à ce qu'elles
soient exactement observées, de donner avis au procureur du roy des contraventions qu'ils y remarqueront, et d'en dresser leurs procez-verbaux qu'ils luy

mettront ès-mains ; comme aussi de comparoître tous
en personne au jour ordinaire de police, qui sera
tous les premiers vendredis de chaque mois deux
heures après midy, sur peine d'interdiction de leurs
états et offices, et en cas de fête au vendredy suivant.

CABARTIERS ET HOSTELLIERS.

Il est défendu aux hôtelliers et cabartiers de vendre chez eux le pain à plus haut prix que celuy qui
est fixé par les ordonnances de police, et à l'égard
de la viande, vin, avoine, foin, bois, pailles et
autres danrées qu'ils consomment et vendent en
leurs maisons, il leur est enjoint de vendre le tout
à un prix modéré et suivant la valeur d'iceux, en
sorte qu'ils se contentent d'un gain raisonnable et
que personne ne se plaigne.

Il leur est pareillement défendu d'entrer au grand
carfour et marché de cette ville pour y acheter poulles, chapons, pigeons, gibier et autres volatilles, ny
même danrées, comme beure, fromage, pommes et
autres fruits, qu'il ne soit dix heures sonnées, et que
les bourgeois n'en ayent été fournis ; aller au devant,
ny envoyer personnes interposées pour en acheter
non plus qu'en leurs maisons, mais laisser aller le
tout librement au marché.

Défenses à eux de tuer des porcs dans leurs maisons, et de vendre et débiter la chair de porc, qu'elle
n'ait été prise en la boucherie de cette ville, à peine
de dix livres d'amende et de confiscation.

Défenses leur sont faites d'entrer à la poissonnerie
pour acheter poisson, soit frais, d'eau douce, ou

sallé, et y envoyer leurs enfans, serviteurs ou gens interposés, sinon à neuf heures, et d'en acheter ailleurs qu'en ladite poissonnerie.

Défenses à tous hôtelliers, cabartiers, vendeurs de liqueurs, maîtres de billards et autres jeux publics, de donner à manger, à boire ou à jouer les jours de dimanche et de fête pendant le service divin, ny après dix heures du soir en quelque temps que ce soit, à peine de vingt livres d'amende.

Il leur est pareillement défendu de recevoir chez eux à boire, manger ou jouer, les jeunes enfans de famille, serviteurs et domestiques de cette ville, en quelque temps et occasion que ce soit.

Il leur est enjoint d'avoir de bonnes et loyalles mesures tant pour les brevages que grains, jaugez et marquez par le jaugeur de cette ville, sçavoir : pots, chopines, stiers et demy-stiers, sur lesquelles mesures ils seront tenus de faire mettre leurs noms; leurs défendons de se servir de mesures de terre et de picotins d'ozier, mais seront de bois ou de métail et contiendront à raison de seize picotins au boisseau, le tout à peine de confiscation des mesures et de dix livres d'amende pour la première fois.

Il leur est pareillement défendu d'entrer dans la halle de cette ville aux jours de marché avant onze heures du matin, pour y acheter blé, méteil, orge, avoine, pois ou autres grains; comme aussi d'en revendre ou regrater, mais bien d'en acheter seulement pour ce qu'il en faut pour la nourriture et fourniture de leur maison, et à toutes personnes de leur prêter leurs noms pour l'achat desdits grains, à

peine de confiscation et de pareille amende que cy-
dessus, dont le dénonciateur aura la moitié.

Ne pouront tenir aucunes hôtelleries ou cabarets
qu'ils n'en ayent demandé permission en justice et
obtenuë de nous, laquelle ne leur pourra être refusée s'ils sont gens de bonne vie et conversation,
et feront serment d'obéir aux ordonnances du roy
et de police, et feront enregistrer en nôtre greffe
leurs noms, sur-noms, demeures, assiettes et enseignes de leurs hôtelleries et cabarets.

Boulangers.

Il est enjoint et commandé aux boulangers de
cette ville et faux-bourgs de garder et observer à
l'avenir l'essey ancien fait en l'année 1703, et ce en
attendant que la commodité se présente pour en
faire un autre; de ne changer le poids du pain accoutumé, et de cuire de jour à autre à heure deuë leur
pain tant blanc que bis, et qu'il soit de bon blé fro-
ment, cuit et rasis à six heures du matin, sans aucunement en être defournis tant pour les bourgeois
que passans, et défenses à eux faites de le vendre à
plus haut prix que celuy fixé par la dernière ordonnance : sçavoir la miche de pain blanc pesant huit
onces, six deniers, la livre de pain biset pesant seize
onces....

Il est aussi enjoint à tous lesdits boulangers d'avoir
des balences penduës sur ruë dans leurs boutiques
avec poids bien jaugez et étalonnez par le jaugeur de
cette ville pour peser le pain à ceux qui en pren-
dront chez eux, et lors qu'ils n'auront plus de petit
pain, ils seront tenus d'en couper de grand pour en

livrer par livre à ceux qui en voudront, ainsi qu'il se pratique à Roüen et par tout ailleurs; et de marquer leur pain de chacune une marque particulière dont ils metront l'empreinte à nôtre greffe; et il leur est fait défenses d'étaler leur pain que chez eux et dans la boulangerie de cette ville, le tout à peine de dix livres d'amende, et de confiscation du pain qui ne se trouvera marqué.

Défense leur est faite de nourir et engraisser des porcs, sur les mêmes peines que dessus.

Rotisseurs, Patissiers, Regratiers de gibier et volaille.

Il est défendu aux rotisseurs, patissiers, regratiers de gibier et volaille d'entrer au grand carfour de cette ville aux jours de marché pour y acheter poulles, chapons, pigeons, dindons, gibier et autres volailles de quelque nature que ce soit, ny envoyer aucune personne interposée pour en acheter, qu'il ne soit dix heures sonnées, depuis Pâques jusqu'à la Toussaints, et onze heures depuis la Toussaints jusqu'à Pâques, et que les bourgeois n'en ayent été fournis; d'aller au devant des marchands, les appeller en leurs maisons, mais laisser aller le tout librement au marché, à peine de confiscation des marchandises et de dix livres d'amende.

Défenses à toutes personnes de leur prêter leur nom pour rien acheter, à eux d'exposer en vente ny même de garder en leurs maisons aucunes volailles ou gibier passé ou corrompu; comme aussi il leur est défendu de tuer et vendre de la viande de porc en leurs maisons.

REGRATIERS,
REGRATIERES DE FRUITS ET AUTRES.

Il est pareillement défendu aux regratiers et regratieres de fruits d'entrer auxdits jours de marché au grand carfour de cette ville pour y acheter beure, fromage, pommes, poires, noix, œufs et généralement toutes sortes de menuës danrées, ny en marchander, ny étaler qu'il ne soit midy sonné, sur peine de confiscation et de dix livres d'amende, dont le dénonciateur aura la moitié, et d'être mise pour la seconde fois une heure au carcan.

Défenses leur sont faites d'aller au devant des marchandises et de ceux qui aportent lesdites danrées et marchandises pour vendre en cette ville, et de les acheter en chemin, et à tous marchands d'en vendre en chemin qu'ils n'ayent été exposés au marché, sur les peines que dessus.

POISSONNIERS ET POISSONNIERES.

Il est défendu à tous poissonniers et poissonnieres aportans poisson en cette ville, soit frais d'eau, douce ou sallé, de le porter et décharger ailleurs qu'en la poissonnerie, soit de jour ou de nuit.

Il est pareillement défendu ausdits poissonniers et poissonnieres de cette ville de monopoler avec les marchands horsains aportans vendre poisson, soit frais d'eau douce ou sallé, de les acoster pour leur aider à revendre, ny l'acheter d'eux pour le revendre, regrater ou transporter ailleurs; leurs permettons néanmoins pour procurer l'abondance, que quand quelques marchands horsains et qui ne peut

17

pas rester en cette ville leur laissera du poisson, de le vendre pour le conte dudit marchand, sans qu'il leur soit permis d'en acheter d'eux en aucune façon pour le revendre.

Il leur est défendu de vendre aucun poisson frais ou d'eau douce aux hôtelliers et cabaretiers de cette ville et autres regratiers, pour le porter vendre ailleurs, sinon après neuf heures passées.

Défenses aux pécheurs de pêcher hors les temps portez par les réglemens, et à toutes personnes d'exposer en vente aucun poisson qui ne soit de la grosseur, longueur et qualité portée par l'ordonnance, à peine de vingt livres d'amende et de confiscation.

Et pour la facilité du débit du poisson, ordonné que les loges de la poissonnerie ne seront loüées à l'avenir que les prix ci-après ; sçavoir :

La première desdites loges de la poissonnerie sera affermée . . . . 20 l. par an.

La seconde, au même prix de vingt livres, cy . . . . 20 l.

La troisième, à quinze livres, cy . 15 l.

La quatrième, à douze livres, cy . 12 l.

La cinquième, à dix livres, cy . . 10 l.

La sixième, pareil prix de dix livres, cy. . . . . 10 l.

La sept et huit, à chacune cent sols, cy en tout. . . . . 10 l.

Que les marchands aportans poisson par somme de la mer payeront deux sols par jour pour la place et étau qu'ils occuperont, cy . . . . 2 s.

Que les autres marchands et pêcheurs aportans poisson d'eau douce des rivières d'Iton et d'Eure, ne payeront que six deniers quand ils vendront leurs poissons dans leurs paniers, cy . . . . . . 6 d.

Et que quand ils se serviront des étaux, payeront quinze deniers, cy. . . . . 1 s. 3 d.

Et les marchands aportans et vendans des carpes, payeront aussi deux sols par jour pour la place et étau qu'ils occuperont, cy . . . . 2 s.

Défenses à toutes personnes, sous quelque prétexte que ce soit, de vendre ny débiter aucun poisson sallé, ailleurs que dans lesdites loges, à moins qu'elles ne fussent toutes occupées, auquel cas permettons aux bouchers et autres qui vendent du poisson sallé, d'étaler dans la ruelle dite de Conches, suivant l'ancien usage, lesquels pourront l'étaler et vendre néanmoins dans la place publique les jours de marché pour la plus grande commodité du public.

Pareilles défenses à tous adjudicataires de ladite poissonnerie ou autres ayans droit, d'exiger aucuns droits en plus avant que ceux cy-dessus réglés, à peine de concution.

BOUCHERS.

Il est enjoint et commandé aux bouchers de cette ville et faux-bourgs de tenir leur turie nette, sans ordure ny infection de sang de bêtes, et d'enterrer promptement ledit sang, vuidenges de boyaux ou autres entrailles en lieu convenable, comme il est accoutûmé, ou le jetter en la rivière courante et non aux fossés pour éviter l'inconvénient.

Il leur est pareillement commandé d'avoir de bonne et loyale chair, comme bœuf, mouton, veau, porc et autre chair, à suffisance de jour en autre pour fournir les bourgeois et autres arrivans en cette ville, de porter toute la chair qu'ils auront tuée ou massacrée en la boucherie, sans rien réserver en leurs maisons.

Défenses leur sont faites de faire ou vendre aucune viande en regrat, ny de commettre aucuns traités, pactions ou monopoles entr'eux, à peine de dix livres d'amende pour la première fois, dont le dénonciateur aura la moitié, et la punition corporelle pour la seconde.

Il leur est pareillement défendu de tuer ny massacrer les bœufs et moutons arrivant du Neubourg ou autre lieu distant de quatre lieües de cette ville, qu'ils n'ayent reposé vingt-quatre heures : comme aussi de tuer ou de vendre de la chair de porc frais depuis le premier jour de may jusqu'au dernier septembre, sur les peines que dessus; leur permettons de vendre en tout temps du porc sallé, pourveu qu'il ait été quarante jours au saloir, et qu'il ait été visité par les gardes-jurés.

Il leur est commandé de fondre leur suif de nuit, depuis minuit jusqu'à trois heures du matin, et deux fois la semaine en temps d'été; le porter tous les mardis à la boucherie, à l'heure accoutûmée, sans en vendre ny débiter en leurs maisons, lequel suif sera fondu séparément, sçavoir : celui de bœuf à part, et de même celuy de mouton, sans aucunement le mêler d'aucunes graisses, soit de sain de porc ou autre chose.

Défenses leur sont faites de troubler ou empêcher en façon quelconque les marchands horsains d'aporter suif ou graisse pour vendre en cette ville ; et pour éviter aux abus et fraudes qui pourraient se commettre dans ledit métier de boucher, enjoint aux gardes-jurez dudit métier de faire leurs visites tous les mardis au matin, et d'aporter leurs procès-verbaux des contraventions par devant nous, au jour de police cy-devant déclaré, sur peine de dix livres d'amende comme dessus.

Défenses à eux de garder ny exposer en vente aucune viande passée ou corrompuë, et d'acheter aucuns porcs qui ne soient loyaux et marchands, et qu'ils n'ayent été visités par le languayeur, et de tuer ou dépoüiller aucune bête dans l'enclos de la boucherie.

Il leur est commandé de porter à chaque jour de samedy au matin ausdites boucheries, sçavoir à sept heures en été, et à huit en hyver, tous les cuirs de bœuf et vache qu'ils tueront, et pour les peaux de mouton, veau et agneaux, les porter chaque jour vendre en ladite boucherie et non ailleurs sans en retenir en leurs maisons ; il leur est aussi enjoint d'habiller bien et duëment lesdits cuirs sans les coûteler, à peine de l'amende et confiscation comme dessus.

MERCIERS, GRESSIERS, CHANDELIERS.

Il est enjoint et commandé aux merciers, gressiers, chandeliers de cette ville et faux-bourgs, de faire bonne et loyale chandelle, et faire celle de suif de mouton à part, et celle de suif de bœuf de même, sans les

mêler ny mettre aucunes graisses, soit de porc ou
autres choses, et de ne la vendre à plus haut prix,
pendant cette année 1706, que six sols la livre, à
peine de dix livres d'amende et de confiscation d'i-
celle, et de plus grande peine s'il y échet ; il leur est
enjoint et commandé de ne vendre le vinaigre à plus
haut prix, sçavoir : celui fait de vin du païs, quatre
sols, et celui d'Orléans, six sols le pot.

Et sur l'avis que nous avons eu de l'abus et malversations que commettent lesdits merciers dans la
vente du clou, de la latte, chanlatte, doublier,
thuilles et autres matereaux à bâtir.

Nous leur avons défendu de vendre à l'avenir le
millier de clou à latte, s'il ne pèse trois livres.

Le clou de quatre livres le millier, s'il ne pèse quatre livres.

Et le clou de six livres, dix livres, vingt livres et
quarante livres, s'il ne raporte au poids de quatre
livres.

Il leur est défendu d'exposer en vente aucune latte
quarrée, si elle n'a quatre pieds de longueur, de bon
bois, sans aubet, et la latte plate si elle n'a trois pieds
et demy ; la chanlatte et doublier de six, huit et dix
pieds à toise.

Défenses tant ausdits merciers qu'aux marchands
thuilliers, fabricants thuilles, de les exposer à l'avenir
en vente, si la thuille n'est pas de la longueur de dix
pouces, et de largeur de demy pied, sur peine, à
ceux d'entr'eux qui auront exposé ladite thuille, de
confiscation d'icelle, et de dix livres d'amende, dont
le plaignant ou dénonciateur aura la moitié, leur

permettons néanmoins de vendre ce qu'ils ont de marchandises d'autre essence que celle cy-dessus, dans trois mois, du jour de la publication des présentes, et ledit temps passé sera notre présente ordonnance suivie.

Défenses à eux d'acheter du plâtre qu'après onze heures passées et quand les bourgeois en seront fournis, comme aussi à tous autres particuliers, hors ausdits merciers, d'en acheter pour le revendre et regratter, sur les mêmes peines que celles cy-dessus.

Permettons aux marchands horsains, cloutiers, feronniers de vendre et distribuer aux jours de marché leur fer, clou et autres, soit en gros ou en détail, librement et comme il est accoutumé, lesquelles marchandises seront seulement sujettes à visite.

Il est enjoint et commandé ausdits merciers, chandeliers d'avoir bons et loyaux bancards, balences et poids, qui soient de fonte, cuivre ou plomb, dûment jaugez, marquez et étalonnez par le jaugeur de cette ville, sans les diminuer ou faire diminuer, sur peine de trente livres d'amende et de punition corporelle.

Meusniers.

Il est enjoint et commandé aux meusniers de cette ville et vicomté de garder et observer inviolablement les ordonnances et réglements pour le droit de moulin, qui est un seizième par boisseau, et à proportion pour le demy-boisseau, et d'avoir poids et balences en leurs moulins, bons et suffisans pour peser les grains de ceux qui le souhaiteront, d'avoir de bonnes et loyalles mesures, comme boisseau, de–

my-boisseau, carte et seizième, le tout bien jaugé et
marqué du jaugeur de cette ville.

Défenses leur sont faites d'entrer en la halle à blé
avec leurs chevaux, mules et ânes, et de les attacher
dans ladite halle, comme aussi d'acheter et marchander, soit par eux, soit par personnes interposées, les
grains entrans en ladite halle, en quelque sorte et
manière que ce soit, mais laisser le tout vendre librement ; et le porter moudre où il apartiendra, à peine
de dix livres d'amende pour la première fois et de
peine corporelle pour la seconde punition.

Il leur est fait défenses de nourir et engraisser des
porcs, poules et pigeons, à peine de dix livres d'a-
mende.

Il est enjoint à tous lesdits meusniers de remplir et
boucher les trous qui sont en bas et au bout des
blutteries, vulgairement appelé le trou à son, couverts de grilles de bois, et où tombe partie du son
des farines de ceux qui moulent ; comme aussi d'ôter
leurs huches et bindes, dans lesquelles ils mettent
leurs émouttages, étant trop proches des tremies, et
les transporter dans un lieu éloigné au moins de dix
pieds desdites tremies ; de tenir la cuve de leurs moulins bien close et fermée, tant par les côtés que par
le dessus, en sorte qu'il ne s'y trouve aucun trou et
qu'il n'en puisse sortir aucune farine, à quoy faire
seront aussi contraints les propriétaires desdits moulins, à peine de l'amende.

JAUGEURS.

Il est enjoint et commandé au jaugeur de cette
ville et vicomté de se transporter de quinzeine en

quinzeine en tous les moulins et cabarets de cette
ville et vicomté , même aux boutiques des merciers
et autres marchands, distribuans leurs marchandises
à poids , mesures et aunages, pour voir si leurs
poids, mesures et aunes sont bonnes et loyales de
poids et de jauges, marquées et jaugées à la marque
du roy, et des contraventions qu'il y trouvera en
aportera les procès-verbaux tous les mois au procureur du roy pour y être fait droit , à peine contre
ledit jaugeur , de vingt livres d'amende, et de sus-
pension de son état pour la seconde fois.

TANNEURS ET CORROYEURS.

Il est enjoint aux tanneurs, incontinent après qu'ils
auront acheté leurs cuirs, de les mettre en plain avec
la chaux, qui soit bonne et suffisante, selon la saison
d'hyver et d'été, pour y être temps compétent, selon
que les maîtres verront qu'ils seront assez informez,
pour après les mettre en bas dedans les fosses, tant
de fois qu'il en sera besoin , afin qu'ils prennent
bonne rassiette, et ausquels maîtres il est défendu de
les exposer en vente qu'ils ne soient portez auparavant en la halle, pour être vus et visitez par les
gardes-jurez du métier de tanneur et cordonnier.

Défenses sont faites aux corroyeurs de corroyer
aucun cuir, soit grand ou petit, soit qu'il ait eté
vendu par les tanneurs de cette ville, ou les marchands horsains, qu'auparavant il n'ait été visité par
lesdits gardes-jurez de tanneurs et cordonniers, et
apportez en la halle de ce lieu les jours de lundy,
mercredy et vendredy, une heure après midy, pour
être vûs, visitez et marquez , ausquels gardes-jurez
il est enjoint de vaquer diligemment à ladite visite,

18

et se trouver à ladite heure lesdits jours pour visiter
et marquer lesdits cuirs : sçavoir ceux qui se trouveront bons de la marque de renvoy ; et à l'égard de
ceux qui se trouveront viciez en dresseront leur
procez-verbal, pour être aporté devant nous, à peine
contre lesdits gardes-jurez qui manqueront à ce que
dessus d'amende arbitraire, et des dépens, dommages
et interests des marchands et de ceux qui chomme-
ront.

Et pour éviter un abus qui se pourrait commettre,
avons ordonné que la marque desdits tanneurs sera
mise en certain lieu fermant à clef, dont lesdits
gardes-jurez de tanneur et cordonnier auront chacun une clef, afin qu'ils ne puissent marquer en
l'absence l'un de l'autre, ny en d'autre lieu qu'en ladite halle, à peine de vingt livres d'amende.

CORDONNIERS.

Il est enjoint et commandé aux cordonniers de
cette ville de faire leurs souliers bons et suffisans,
soit grands ou petits, de bon cuir, fort en quartier,
empeigne et rivet, et de mettre de bonnes semelles,
tant les premières que les secondes, ainsi que la
marchandise le requier, sans mettre aux souliers de
vaches aucune première semelle de bazane ou......
....., et pour les souliers de veau les ferons de bon
cuir, ainsi qu'il est requis.

Enjoint ausdits cordonniers que quand ils feront
des bottes, soit de vache ou de veau, les faire de
bon cuir sans coûture, et y mettre de bonnes semelles et unies de la même étoffe, sans mettre aux
premières semelles aucuns canevats ny bazannes,

sur peine de dix livres d'amende, confiscation des
bottes, dont le dénonciateur aura la moitié.

FERMIERS DES FERMES ET POIDS DU ROY.

Il est enjoint et commandé aux adjudicataires des
fermes et poids du roy, de donner état au procureur
du roy, dans trois jours après la publication des
présentes, du tarif sur lequel ils perçoivent les droits
sur les marchands arrivans et portans vendre en
cette ville, tant en gros qu'en détail, pour sçavoir
ce qui est justement dû, même des droits qui sont
levés sur les danrées et marchandises entrant et sor-
tant de cette ville, pour être ledit tarif mis en un
tableau et affiché à chacune des portes de cette ville,
outre lequel il est défendu ausdits fermiers de rien
prendre ny exiger, à peine de punition corporelle ;
cependant à eux enjoint d'avoir de bons et loyaux
poids de fer et de fonte avec balances justes qui seront mis au lieu ordinaire, pour y peser toutes marchandises : défenses à toutes personnes de peser
ailleurs, soit pour vendre ou acheter, sur peine de
vingt livres d'amende, de confiscation des marchandises, et de punition corporelle pour la seconde
fois.

Il est défendu aux fermiers de la vicomté et mesurage des grains de prendre ou exiger pour le droit
de mesurage aucuns deniers sinon denier pour deux
boisseaux de grain, et deux deniers pour quatre
boisseaux, et conséquemment pour plus grand
nombre à l'équipolent, sans que ledit mesureur ou
ses commis puissent prendre aucun reste de grain en
ladite halle et ailleurs, sur peine de vingt livres d'a-

mende, dont le dénonciateur aura la moitié et de punition corporelle pour la seconde fois.

Il est enjoint audit fermier de nettoyer le Grand Carfour et Poissonnerie de cette ville, en ce qu'il y est sujet, par deux fois la semaine; sçavoir le mercredy et samedy, sur peine de dix livres d'amende pour chaque contravention, et de plus grande peine s'il y échoit.

VOYER.

Il est enjoint au voyer d'aller et visiter deux fois par semaine toutes les ruës de cette ville et fauxbourgs, pour tenir la main à ce qu'elles soient nettes et nettoyées deux fois par semaine, et les bouës amassées en mousseaux vers le ruisseau; empêcher qu'il ne soit jetté ordures et eaux par les fenêtres, faire ôter les fumiers, immondices et excremens qui pouroient se trouver le long des murailles et maisons, dresser ses procez-verbaux des contraventions aux présentes ordonnances et les aporter au procureur du roy, et faire payer les amendes aux contrevenans, à peine contre ledit voyer d'interdiction de son office.

Il lui est pareillement enjoint d'avoir soin que les rues ne soient point occupées par du bois, soit pour brûler soit pour bâtir, par des poutres, pierres, mouceaux de terre contre les murailles, charettes, chariots, camignons, qu'on a coûtume de laisser la nuit dans les ruës; d'empêcher les marchands horsains, regratiers et autres vendans et distribuans par échope en la ruë, qu'ils n'occupet trop le pavé du roy, mais de les faire étaller dans des boutiques, ou autres lieux qui n'incommodent point le public.

Enjoint audit voyer de tenir la main au pavage des ruës, en sorte que quand il voyera deux ou trois pavés rompus, enfoncés ou enlevés, il fasse promptement rétablir lesdits pavés aux dépens du propriétaire de la maison, lequel il fera approcher par devant nous en cas d'inexécution.

A luy pareillement enjoint de faire sa visite dans toutes les maisons de cette ville et faux-bourgs, pour sçavoir s'il y a des retraits ou fossés, et de mettre entre les mains du procureur du roy l'état et mémoire de toutes celles où il n'en trouvera pas pour y contraindre les propriétaires d'y en construire ; le tout à peine d'interdiction comme dessus.

ADJUDICATAIRE DU TOMBEREAU POUR LE NETTOYEMENT DES RUES.

Il est enjoint et commandé à l'adjudicataire du tombereau pour le nettoyement des ruës, d'avoir un banneau ou tombereau bien clos et fermé, en sorte qu'il ne se répande rien par les ruës, attelé de chevaux à ce suffisans pour faire bien et duëment ledit nettoyement ; avoir gens pour luy aider, en sorte qu'il ôte lesdites bouës pour le moins une fois la semaine dans chaque ruë, depuis le premier octobre jusqu'au premier avril, et une fois tous les quinze jours depuis le premier avril jusqu'au dernier de septembre, à peine d'y être contraint et par corps, et de radiation d'un quartier de ses apointemens en cas de contravention manifeste (1).

(1) Le Champ-Durand était le lieu où l'on portait les ordures de la ville.

Gardes-jurez de tous les métiers et artisans.

Il est enjoint et commandé aux gardes-jurez de tous les métiers de cette ville et faux-bourgs de garder et observer, faire garder et observer par tous les maîtres et aprentis les ordonnances et statuts de leurs métiers dans la composition de leur ouvrage, faire leurs visites de quinzeine, et d'aporter au procureur du roy les procez-verbaux des contraventions qu'ils y remarqueront.

Il est enjoint à tous artisans, gens de métier et de bras, de travailler bien et duëment aux jours ouvrables sans divager par les ruës, ny aller aux cabarets, billards, aux jeux de boulles, cartes et des dez : il leur est défendu de travailler aux jours de dimanches et fêtes solennelles, sur peine de vingt livres d'amende, dont le dénonciateur aura la moitié; permis ausdits gardes-jurez et à toutes personnes de donner avis au procureur du roy des contraventions aux présentes ordonnances.

Les gardes-jurez seront faits et renouvellez tous les ans à la Saint-Jean de chaque année, et y passeront les maîtres de chaque métier successivement selon l'ordre de leur réception, et feront serment en présence des maîtres de chaque métier ou partie d'iceux.

Défenses à toutes personnes d'avoir boutique, de faire aucunes entreprises sur les ruës et places publiques, ny mettre aucunes enseignes, bouchons, auvens, étaux et étalages, ny de tenir cabarets, caffé, billard, jeu de peaume et autres jeux publics, sans nôtre permission par écrit, à peine de confiscation et de vingt livres d'amende.

Bourgeois et habitans de la ville d'Evreux.

Faisons très-expresses défenses à toutes personnes de jurer et blasphémer le saint nom de Dieu dans la ville, à peine de punition corporelle, comme aussi de chanter des chansons infames et déhonnètes.

Les jours de dimanches et fêtes solennelles seront exactement observées, et qui que ce soit ne pourra faire aucun métier ny marchandises, voitures ny charois, ny aucun autre œuvre manuel, si ce n'est pour les choses nécessaires à la subsistance journalière, lesquelles toutes-fois ne pouront être exposées en vente ny être venduës pendant les heures du service divin, c'est-à-dire pendant les prônes, messe paroissiale, le sermon et vêpres, à peine de confiscation des marchandises, voitures et chevaux et de dix livres d'amende.

Défenses à tous marchands d'ouvrir leurs boutiques, ny d'étaler aucunes marchandises les jours de marché auquel les fêtes échoiront, à peine de confiscation de la marchandise et de dix livres d'amende.

Défenses aux greffiers, notaires et tabellions de passer aucuns actes, contrats ny obligations les jours de dimanches et fêtes solennelles avant la fin des messes paroissiales, et pendant le service divin, si ce n'est des testaments ou actes qui ne peuvent recevoir aucun retardement, à peine de vingt livres d'amende.

Défenses aux barbiers, perruquiers de faire le poil ny autres choses de leur métier, les jours de dimanches et fêtes solennelles pendant le service divin, à peine de vingt livres d'amende.

Défenses de joüer aux jeux publics, et aux joüeurs d'instrumens de tenir salle, et de faire danser dans leurs maisons les jours de dimanches et fêtes qu'après les vêpres, et jusqu'à huit heures du soir, sur les mêmes peines que dessus.

Les femmes et filles dont la vie est scandaleuse seront chassées hors de cette ville et bailliage, même condamnées en des peines afflictives s'il y échoit, sur le rapport des voisins et gens dignes de foy, et ceux dont l'ivrognerie habituelle cause du scandalle et du désordre dans le public et dans leurs familles, seront mis en prison au pain et à l'eau pendant un temps qu'il sera nécessaire pour leur correction.

Défendons de porter l'épée à ceux qui n'ont pas droit de la porter, et à toutes personnes d'avoir et de porter des armes défenduës, à peine de trois cens livres d'amende, suivant la dernière déclaration du roy.

Défenses de roder la nuit dans les ruës et d'y commettre aucun désordre ny bruit qui puisse troubler le repos public, à peine de cinquante livres d'amende et d'être procédé extraordinairement contre les contrevenans.

Défenses de loger et de retirer pendant plus de vingt-quatre heures les mandians, gens inconnus et sans aveu, à peine de dix livres d'amende; enjoignons à tous huissiers et archers de les arrêter et constituer prisonniers après ledit temps passé.

Défenses de nourir des pigeons, oyes, porcs et lapins dans l'enclos de cette ville et faux-bourgs, et de conduire lesdits porcs par les ruës de cette ville et faux-bourgs, à peine de dix livres d'amende et de confiscation desdites bêtes.

Les rues seront nettoyées au balley deux fois la semaine, le lundy et le vendredy, depuis le mois d'octobre jusqu'à Pâques, et à tous les jours de jeudy, depuis Pâques jusqu'au mois d'octobre, à peine de vingt sols d'amende par chaque contravention.

Les bouës et autres immondices seront amassées près du ruisseau en mouceaux, afin qu'ils puissent être plus facilement enlevées par ceux qui seront proposez à cet effet, défendons d'y mêler des plâtres, sables, gravoirs et autres combles de bâtimens, à peine de dix livres d'amende que les maîtres et maîtresses pouront repeter contre leurs domestiques.

Enjoignons aux bedeaux de chaque paroisse de balleyer les ruës devant les églises et le long des cimetières, aux jours et heures marquées, et sur les mêmes peines que dessus.

Enjoignons à tous les habitants de cette ville et faux-bourgs d'avoir des retraits et lieux communs, à cet éfet ; ceux qui n'en ont point en feront construire dans deux mois du jour de la publication du présent réglement, faute de quoy faire il en sera construit à leurs frais, au remboursement desquels ils seront contraints par saisies et vente de leurs biens, et condamnez en outre en vingt livres d'amende.

Défenses de décharger le ventre et de jetter d'autres excremens dans les rues et places publiques de cette ville, à peine de six livres d'amende pour la première fois, dont les pères et mères, maîtres et maî-

19

tresses demeureront responsables ; leurs enjoignons
de faire balleyer les excrements qui se trouveront
contre leurs maisons, jardins et enclos, avant neuf
heures du matin de chaque jour, sur les peines cy-
dessus.

Défenses à toutes personnes de jetter par les fenêtres des urines, ny autres choses à quelque heure
que ce soit ; comme aussi de jetter dans les ruës et
places publiques aucunes cendres, lessive, eau de
moruë, charées, pailles, gravoirs, thuilleaux, suye,
poils, plumes, tripailles, boyaux, fange de bestiaux
et autres choses de leurs vacations et mestier ; mais
ils les feront transporter hors de cette ville aux lieux
qui leur seront indiquez par le voyer, à peine de six
livres d'amende pour la première fois.

Défenses aux marchands taillandiers et autres artisans du quartier et faux-bourg de S. Thomas de cette
ville, de porter dans la ruelle nommée ruelle de
S. Jean, et qui va de la ruë de S. Thomas à l'église de
S. Denis, aucuns gravois, machefers et autres ordures, et les mettre le long des murailles du grand pré
apartenant au bureau des pauvres, à peine de vingt
livres d'amende, dont la moitié au dénonciateur.

Défenses de laisser, pendant la nuit, dans les ruës
et places de cette ville et faux-bourgs, aucuns chariots et charettes ; et, quant aux materiaux destinez
à la confection des bâtiments auxquels on travaillera
actuellement, ils pouront occuper la moitié de la ruë,
ensorte toutes fois que les voitures et harnois y puissent passer aisement, à peine de dix livres d'amende.

Défenses aux maréchaux, serruriers, chaudron-

niers , orfévres , menuisiers , tonneliers et autres qui
travaillent du marteau et font du bruit, d'en user
avant quatre heures du matin et après neuf heures
du soir, depuis le premier avril jusqu'au premier octobre, et avant six heures du matin et après neuf
heures du soir, depuis le premier octobre jusqu'au
dernier jour de mars, à peine de dix livres d'amende.

Défenses à toutes personnes et speciallement aux
revenderesses, de prendre en gage ou acheter aucuns
meubles, hardes, marchandises, ny autres choses de
femmes mariées, sans le consentement de leurs maris, d'enfans en puissance de leur père et mère ou
tuteurs, de valets ou domestiques, gens de guerre et
sans aveu, à peine de vingt livres d'amende pour la
première fois, et en cas de recidive d'être procedé
extraordinairement.

Défenses d'entrer dans les vignes et terres ense-
mencées , d'y chasser ny laisser entrer aucuns bestiaux ny chiens, ny d'y cüeillir des herbes, sinon aux
propriétaires desdits héritages , depuis le premier
avril jusqu'après la récolte , à peine de vingt livres
d'amende.

Le temps de vendange sera marqué suivant la manière ordinaire , sur le raport des vignerons des trois
côtes, qui seront tenus de prêter serment à justice
sur la maturité de la vigne , et sera désigné un jour
à chaque côte et quartier pour vendanger ; enjoint
aux vignerons de comparoître à la première moni-
tion , à peine de six livres d'amende ; et défenses à
toutes personnes de contrevenir à la présente ordonnance , à peine de vingt livres d'amende et de confiscation de la vendange.

Il est enjoint et commandé à tous les bourgeois de
cette ville et faux-bourgs d'entretenir chacun en
droit soy le pavé de la ruë quand il aura été mis une
fois en état, à quoi faire ils y seront contraints par
saisies, arrests et vente de leurs maisons, comme
aussi seront tenus les échevins et officiers de ville de
fournir du pavé de la qualité requise, et pour les y
obliger seront faites toutes saisies sur les deniers
patrimoniaux et octroy de cette ville, et les poursuites et diligences faites devant qui il appartiendra,
à la diligence du procureur du roy de ce siége.

Il est pareillement défendu à tous les bourgeois, de
telle qualité qu'ils soient, d'entrer en la halle pour
acheter grains, qu'aux heures marquées cy-après,
sçavoir : à dix heures, pour les menus grains, et à
onze heures pour le blé; défenses aux laboureurs,
marchands blatiers d'ouvrir leurs sacs qu'aux heures
susdites, et aux regratiers et aux autres, qui achè-
tent pour revendre, d'acheter de menus grains qu'à
midy, et pour le blé à une heure après midy, et jusqu'à ce ne comparoître dans ladite halle, ny personnes pour eux interposées, à peine de vingt livres
d'amende et de confiscation de la marchandise.

Sera tenu le vicomte d'Evreux, ou son lieutenant,
de faire garder le cours des rivières, les grands che-
mins et chaussées en leur essence de la grandeur et
largeur qu'ils doivent avoir, faire réparer les ponts
et passages, tant ceux qui sont du domaine qu'autres, et rendre la ville et faux-bourgs accessibles aux
marchands et à toutes personnes; enjoint au voyer
de tenir la main à l'exécution de la présente ordonnance.

Seront pareillement tenus, les échevins et procureurs de cette ville, à l'égard des ponts, portes, passages et retraits publics qu'ils sont obligez de réparer, de les entretenir en bon et suffisant état, à peine de répondre des dépens, dommages et intérests de tous les inconvéniens et malheurs qui pouroient arriver par leur faute.

Sera, la présente ordonnance, lûë, publiée à l'audience de la police tenante et ensuite à l'issue des messes paroissiales, affichée par tout où besoin sera, à ce que personne n'en prétende cause d'ignorance, et exécutée par provision, nonobstant opposition ou appellation quelconque, et sans préjudice d'icelle, ce dit jour et an que dessus.

Les règlements suivants ont été faits postérieurement.

Heures pour se retirer, de neuf à dix, depuis la mi-mars jusqu'à la Saint-Michel; huit à neuf, jusqu'à la mi-mars, avec défense de causer, dans les rues, aucune émotion ni scandale, dix écus d'amende, dont les pères seront civilement responsables; punition corporelle la seconde fois.

Enjoint à ceux qui ont des places vuides et vagues de les faire enclore, afin qu'ils ne servent pas de retraits pour les immondices.

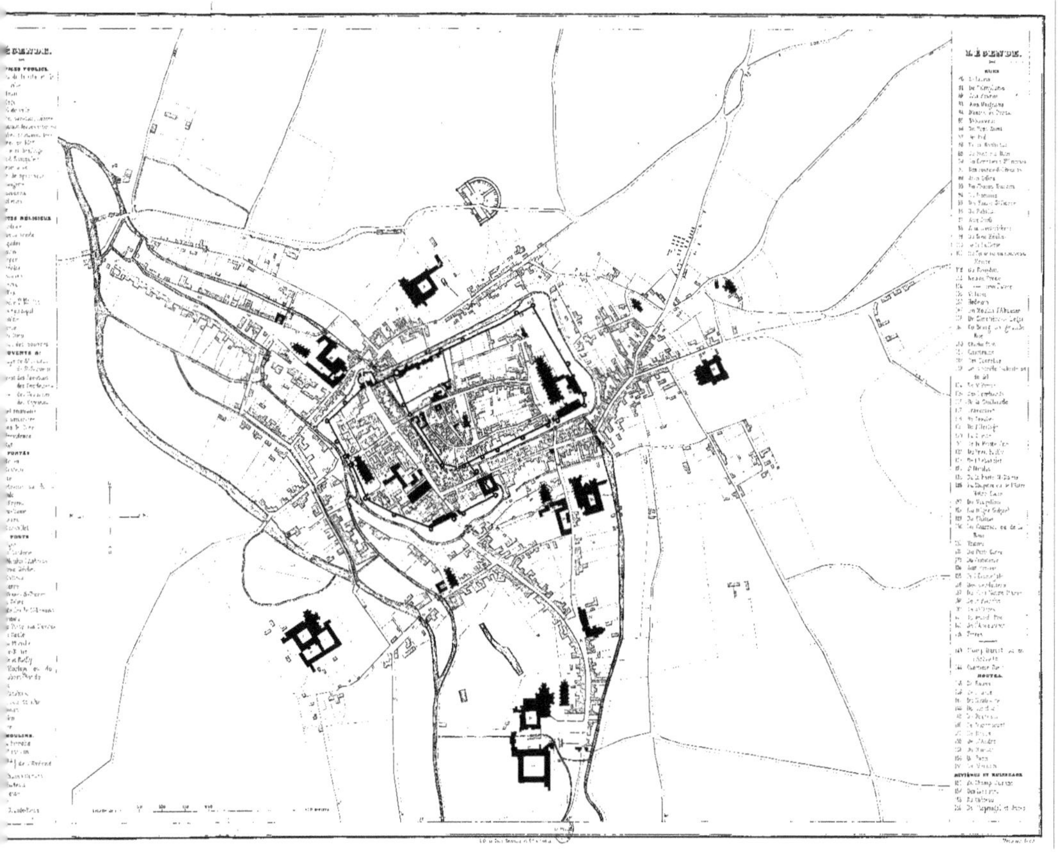
LÉGENDE.
LÉGENDE.

www.ingramcontent.com/pod-product-compliance
Lightning Source LLC
Chambersburg PA
CBHW072105090426
42739CB00012B/2861